Liebe Leserinnen, liebe Leser!

*Der Fotograf **Rainer Kiedrowski** aus Ratingen hat für den DuMont Bildatlas schon in aller Welt fotografiert, doch so unkompliziert offene Menschen wie im Osnabrücker und im Emsland sind ihm selten begegnet.*

*Der Jounalist und Buchautor **Sven Bremer** hat für den DuMont Bildatlas bereits die Bände „Ostfriesland", „Elbe und Weser" sowie „Lüneburger Heide" verfasst.*

Allzu begeistert war Sven Bremer nicht, als ich ihn seinerzeit anrief, um ihn zu fragen, ob er für den DuMont Bildatlas nicht den Band „Osnabrücker Land" texten wolle. Als Autor des Bildatlas „Ostfriesland" hatte er seine Schreibkünste bereits unter Beweis gestellt, und der neue Bildatlas sollte nun das südlich angrenzende Gebiet beschreiben, ebenfalls unmittelbar vor den Toren seiner Heimatstadt Bremen gelegen. Sven Bremer nahm den Auftrag an und gestand mir nach seinen ersten Recherchen vor Ort in einem Telefonat: „Ich habe gar nicht gewusst, was es im Osnabrücker Land und Emsland alles zu sehen gibt."

Kulturschätze unter Reet

Mittlerweile war Sven Bremer für die 3. Auflage des vorliegenden Bandes unterwegs – und immer noch mit großer Begeisterung. Schließlich hat das Osnabrücker Land prächtige Fachwerkhöfe, stattliche Wasserschlösser, herrliche Gärten, beschauliche Kurorte und interessante Museen zu bieten, allesamt eingebettet in eine liebliche Landschaft mit weiten Wiesen, Feldern, Wäldern und stillen Mooren – eine Landschaft, in der man bestens abschalten und zur Ruhe kommen ...

Traumtouren per Boot oder mit dem Rad

... oder aber alles aktiv genießen kann. Sei es bei einer Radtour auf den „kunstwegen" zwischen Nordhorn und dem niederländischen Zwolle, bei einer Paddeltour auf der Hase oder bei einer Wanderung auf dem Mühlenweg. Alle diese Aktivtipps hat Sven Bremer natürlich selbst getestet. Ein Highlight, das man nicht versäumen sollte, ist auch der Park des neugotischen Schlosses Ippenburg, einer der schönsten Gärten Norddeutschlands, mit jährlich unter wechselndem Motto stattfindenden Gartenfestivals, 5000 Rosenstöcken im Sommer und Deutschlands größtem Küchengarten – einen ersten Vorgeschmack auf die größte private Gartenschau Deutschlands liefert das DuMont Thema auf S. 108ff.

Herzlich

Ihre

Birgit Borowski

Birgit Borowski
Programmleiterin DuMont Bildatlas

24 Osnabrück, für seine Geschichte und seine historischen Bauten bekannt, bietet auch Raum zum Bummeln und Ausspannen.

50 Eines scheint sicher zu sein: Bei Kalkriese fand in antiken Zeiten eine große Schlacht statt.

86 Papenburg, in einst feuchten und aufwendig kultivierten Mooren gegründet, lebt bis heute von der Ems und vom Schiffbau.

Impressionen

Osnabrück

UNSERE FAVORITEN

BEST OF ...

Osnabrücker Land

Grafschaft Bentheim

66 Die Nordhorner Textilindustrie endete jäh mit der Globalisierung.

Maßstab 1:750.000
10 km
Nördliches Emsland 86–99
Südliches Emsland 72–85
Artland 100–115
Grafschaft Bentheim 58–71
Osnabrücker Land 40–57
Osnabrück 24–39
1
2
3
4
5
6
7
8
9
10
11
Niedersachsen
NEDERLAND
Nordrhein-Westfalen
Emden
Leer (Ostfr.)
Oldenburg
Bremen
Delmenhorst
Groningen
Papenburg
Cloppenburg
Vechta
Meppen
Lingen (Ems)
Nordhorn
Rheine
Ibbenbüren
Osnabrück
Münster
Bielefeld
Enschede
Hengelo
Almelo
Gütersloh
Hamm
Paderborn

Topziele

Die bedeutendsten Sehenswürdigkeiten und Erlebnisse, die keinesfalls versäumt werden sollten, haben wir auf dieser Seite zusammengestellt. Auf den Infoseiten sind sie jeweils als **TOPZIEL** *gekennzeichnet.*

ERLEBEN

1 Als die Römer frech geworden …: Hier soll sie stattgefunden haben, die Varusschlacht. Das Museum und der Park Kalkriese bieten vielfältige Zugänge zu dem Geschichtsereignis. **Seite 55**

2 Kleider machen Leute: In dem einstigen textilen Weltstandort Nordhorn ist die Mode von gestern – und heute – lebendig zu erleben. **Seite 69**

3 Besuch bei den Traumschiffen: Papenburgs Meyer Werft baut die größten und schönsten Kreuzfahrtschiffe. **Seite 97**

4 Dem Landleben ein Museum: Das Museumsdorf Cloppenburg ist der agrarischen Vergangenheit gewidmet. **Seite 113**

NATUR

5 Ganz und gar nicht schaurig: Das Emsland Moormuseum in Groß Hesepe bietet vielgestaltigen Zugang zu der eindrucksvollen Naturlandschaft des Moores. **Seite 83**

KULTUR

6 Die gute Stube der Friedensstadt: Die Osnabrücker Altstadt ist reich an historischen Gebäuden. Prunkstück ist das spätgotische Rathaus. **Seite 37**

7 Bilder bitterer Vergangenheit: Ein bewusst irritierender Bau zeigt die größte Sammlung des in Auschwitz ermordeten Malers Felix Nussbaum. **Seite 38**

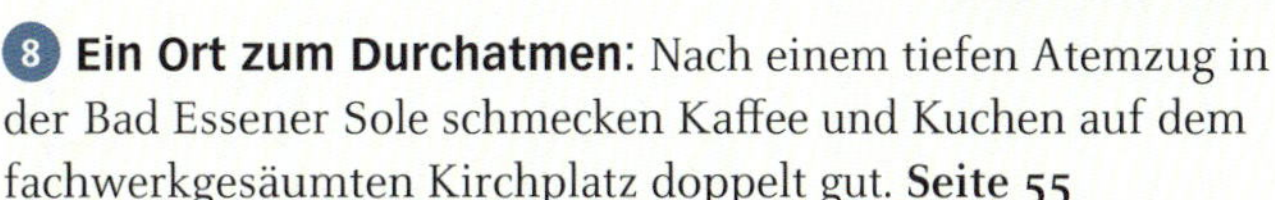

8 Ein Ort zum Durchatmen: Nach einem tiefen Atemzug in der Bad Essener Sole schmecken Kaffee und Kuchen auf dem fachwerkgesäumten Kirchplatz doppelt gut. **Seite 55**

9 Schlosspracht in Bad Iburg: Die Residenz der Osnabrücker Fürstbischöfe prunkt mit ihrem Rittersaal. **Seite 56**

10 Auf hohem Fels: Bad Bentheim besitzt die einzige Höhenburg Nordwestdeutschlands. **Seite 70**

11 Einblick in adelige Zeiten: Das barocke Jagdschloss Clemenswerth wurde zum Museum. **Seite 98**

Altstadt mit jungem Flair

Osnabrück bewerkstelligt den Spagat zwischen Tradition und Moderne spielerisch. In historischem Ambiente – wie es sich an der Marienkirche und auch sonst in der ganzen Altstadt erhalten hat – ist die lebendige Universitätsstadt längst aus dem Schatten zurückgebliebener Provinzialität herausgetreten. Und ob nun in den zahlreichen Kneipen und Cafés oder bei den übers ganze Jahr verteilten Festen kann man sich überzeugen, dass die Osnabrücker zu feiern verstehen. Sich selbst und ihre zauberhafte Stadt.

CAMARO
Storm
RENTAL

... und dann nichts wie raus zum Alfsee

Osnabrücker Land und Emsland sind ein Dorado für Wanderer und Radler. Aber auch Wassersportler und Angler kommen in der Region auf ihre Kosten. Bei schönem Wetter zieht es die Wasserratten zum Alfsee; der größte Stausee der Region liegt rund 25 Kilometer nördlich von Osnabrück.

Barocke Pracht

Kurfürst Clemens August I., Freund der schönen Künste, Lebemann und leidenschaftlicher Jäger, streifte gern mit seinen adligen Jagdfreunden durch die bewaldeten Hügel des Hümmlings. Für ihre standesgemäße Unterbringung entstand in der Nähe von Sögel ein barockes Kleinod in einer herrlichen Parklandschaft: das Schloss Clemenswerth, heute eines der wichtigsten Ausflugsziele im nördlichen Emsland.

Friederike

Mit maritimem Ambiente

Papenburg blickt auf eine lange Schiffsbautradition zurück. Daran erinnern Nachbauten historischer Wasserfahrzeuge, die zahlreiche Kanäle der einstigen Moorsiedlung schmücken. Heute werden hier auf der Meyer Werft, wichtiger Arbeitgeber und zugleich eine der größten Touristenattraktionen im Emsland, die luxuriösesten Kreuzfahrtschiffe der Welt gefertigt. Vor allem wenn die Ozeanriesen über die schmale Ems zur Nordsee bugsiert werden, kommen Abertausende von „Sehleuten", um das Spektakel mitzuerleben.

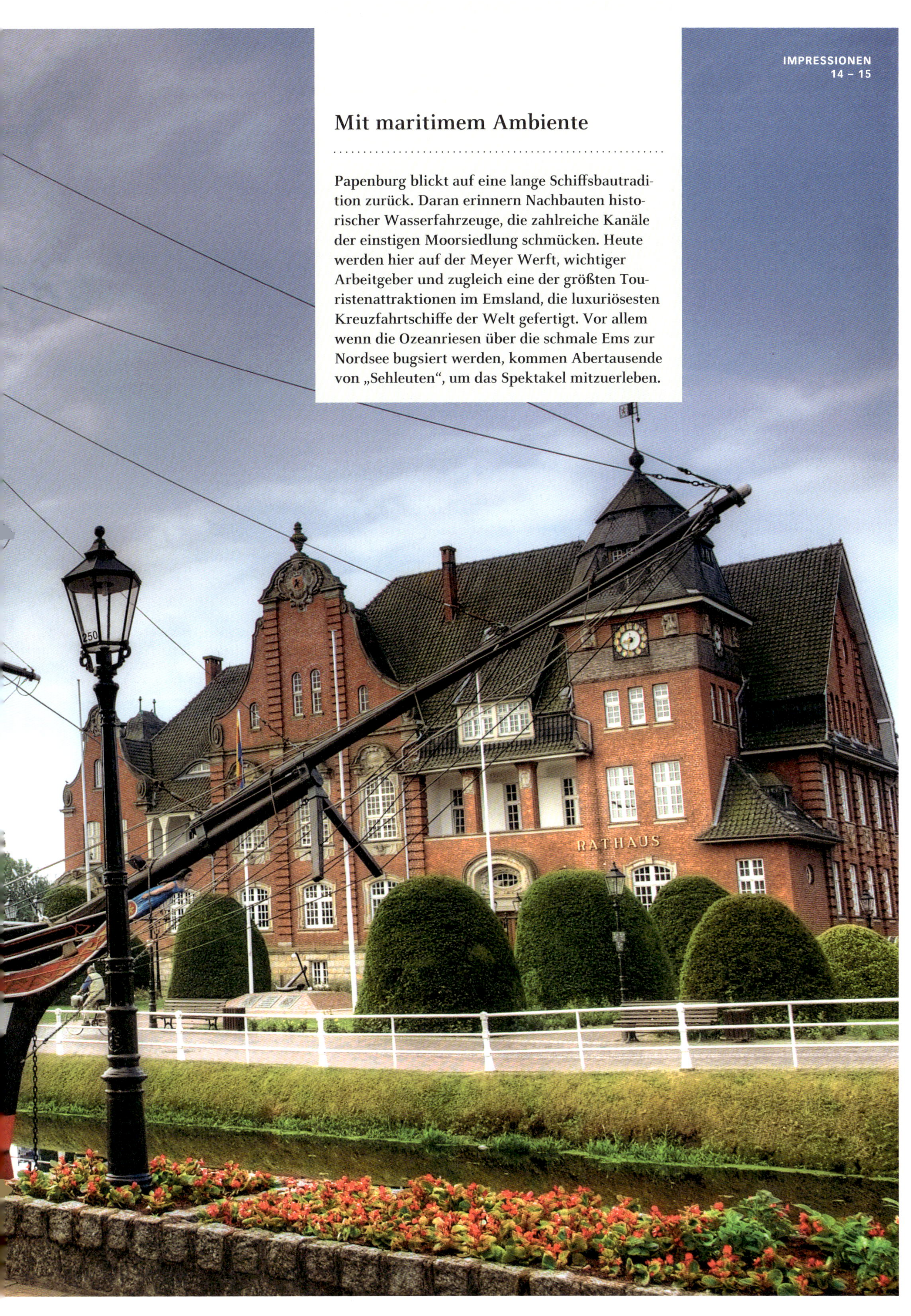

Die Feste feiern, wie sie fallen

Osnabrück und das Osnabrücker Land bekommen den Spagat zwischen Tradition und Moderne bestens hin. Hingebungsvoll wird das Brauchtum gepflegt und bei den zahlreichen Festen nicht ins Glas gespuckt. Einer der alljährlichen Höhepunkte des dörflichen Lebens ist der Umzug des Schützenvereins, wie hier in Venne-Ostercappeln. Ob hoch zu Ross, in traditioneller Tracht, auf dem Drahtesel oder als Treckerfahrer – von Jung bis Alt sind alle auf den Beinen und in Feierlaune.

Treffpunkt Marktplatz

Zeit zum „Schnacken" sollte immer sein im Emsland. Und wo geht das besser als bei einer guten Tasse Kaffee oder einem kühlen Getränk auf einem der gemütlichen Marktplätze der Region. In der einstigen Festungsstadt Meppen trifft man sich im Schatten des historischen Rathauses, dessen Untergeschoss bereits im frühen 15. Jahrhundert aus mächtigen Findlingen errichtet und zwei Jahrhunderte später um zwei Stockwerke erweitert wurde. Hoch oben glänzt eine goldene Windfahne in Form einer Kogge, die an Meppens Zugehörigkeit zur Hanse erinnert.

Wasser, wohin man schaut

Hase, Ems und Dortmund-Ems-Kanal bestimmen das Stadtbild Meppens, der gemütlichen „Metropole“ im Emsland. Auf einer idyllischen Landzunge am Zusammenfluss von Hase und Dortmund-Ems-Kanal steht seit gut 50 Jahren die bald 400-jährige Hölting-Mühle, beliebter Rastplatz und Ausflugsort nicht nur für Wassersportler.

Unterwegs im Radfahrer-Paradies

Die Grafschaft Bentheim wurde gleich mehrfach als besonders fahrradfreundliche Region ausgezeichnet, das Emsland verfügt über das wohl am besten gepflegte Radwege-Netz in ganz Deutschland, und im Osnabrücker Land locken zahlreiche spannende und wunderschöne Themen-Radwege.

1 Viele Höhepunkte, keine Steigungen

Auf der Emsland-Route liegen die Sehenswürdigkeiten der Region aufgereiht wie an einer Perlenschnur: Das Jagdschloss Clemenswerth, die Meyerwerft oder die Kornstadt Haselünne. Der Slogan beschreibt die Rundtour treffend: viele Höhepunkte, aber keine Steigungen. Die Strecke führt durch dunkle Zauberwälder, entlang sattgrüner Weiden, blühender Heideflächen und zahlreicher Wasserstraßen, wo man mit Glück einen der Biber beobachten kann, die sich hier wieder angesiedelt haben.

Emsland Touristik, Ordeniederung 2, 49716 Meppen, Tel. 05931 44 22 66, www.emsland.de

2 Entdeckung der Gemütlichkeit

Entspanntes Radeln durch eine norddeutsche Bilderbuch-Landschaft, Pause machen in gemütlichem Ambiente – das lässt sich vortrefflich auf der Artland-Radtour verbinden. Lassen Sie sich Zeit , um die schönsten der rund 700 Artländer Bauernhöfe mit ihrem reich verzierten Fachwerk zu besichtigen und sich in einem der Hofcafés mit regionalen Spezialitäten zu verwöhnen. Auch Quakenbrück, die „Perle des Artlandes" und der „Artländer Dom" zu Ankum liegen an der knapp 150 km langen Strecke.

Tourismus Information, Markt 4, 49610 Quakenbrück, Tel. 05431 907590, www.artland.de

3 Hase-Ems-Tour

Nicht dort, wo sich Fuchs und Hase „Gute Nacht" sagen, sondern wo sich Biber und Eisvogel „Guten Morgen" sagen – dort lassen sich herrliche Radtouren in einer wunderschönen Flusslandschaft unternehmen. Die Hase-Ems-Tour verspricht gemütliches Radel-Vergnügen auf verkehrs- und steigungsarmen Wegen entlang der beiden Flüsse. Die rund 220 km lange Route verläuft von Osnabrück über Löningen, Meppen und Lingen nach Rheine. Zurück nach Osnabrück kämen noch einmal rund 40 km hinzu.

Touren inklusive Übernachtungen und Gepäcktransport können auch pauschal gebucht werden; Infos unter www.emsland.com, www.hasetal.de oder www.hase-ems-tour.de

4 Adel verpflichtet

Dort wo einst Fürsten und Burgfräulein mit der Kutsche unterwegs waren zu ihren Besitztümern, da machen sich heute Radler auf die rund 125 km lange Schlösser-Tour im östlichen Osnabrücker Land. Nicht alle der im Privatbesitz befindlichen Schlösser sind zu besichtigen, doch nicht selten beeindruckt schon die Außenansicht. Höhepunkte der aufgrund einiger Steigungen anspruchsvollen Schlösser-Tour sind das barocke Wasserschloss Gesmold sowie das Rittergut Ostenwalde (im Bild).

Tourismusverband Osnabrücker Land, Herrenteichsstraße 17/18, 49074 Osnabrück, Tel. 0541 3 23 45 67, www.osnabruecker-land.de

Leer
Papenburg
Oldenburg
NIEDERLANDE
Ems
EMSLAND
Cloppenburg
Meppen
2 Niedersachsen
1
7
Lingen
3
Nordhorn
Mittellandkanal
6
Enschede
Rheine
Osnabrück
Ems
OSNABRÜCKER LAND
4
5
Nordrhein-Westfalen
Münster

5 Tief durchatmen

Besser kann man kaum starten zu einer Radtour: noch einmal tief durchatmen an den Gradierwerken zu Bad Rothenfelde, die frische, salzhaltige Luft tief inhalieren und dann rauf aufs Rad zur Sole & Kneipp-Tour, von Kurort zu Kurort im nördlichen Teutoburger Wald. Über Bad Laer führt die nur 50 km lange Rundtour durch die Spargelfelder rund um Glandorf nach Bad Iburg, wo mit dem Uhrenmuseum, Schloss und Kloster Iburg gleich mehrere Sehenswürdigkeiten warten.

Tourismusverband Osnabrücker Land, Herrenteichsstraße 17/18, 49074 Osnabrück, Tel. 0541 3 23 45 67, www.osnabruecker-land.de

6 Nichts für Diven

Rein gar nichts mit Diven und Primadonnen hat die DiVa-Tour im Osnabrücker Land zu tun. DiVa steht für Dino-Varus und beschreibt damit zwei der Highlights auf der rund 115 km langen Route. Im Bramscher Ortsteil Kalkriese erfährt man alles Wissenswerte zur Varusschlacht im Jahre 9 n. Chr. Einige Millionen Jahre älter sind die Dinosaurierfährten bei Barkhausen. Zwischen Museum und Dinos führt die Route in lieblich-sanfter Hügellandschaft durch die Ausläufer des Wiehengebirges.

Stadtmarketing Bramsche, Maschstraße 9, 49565 Bramsche, Tel. 05461 93 55 13, www.varus-region.de und www.divatour.de

7 Auf den Spuren der Schmuggler

Die United Countries Tour verbindet das Radeln in Deutschland und den Niederlanden. Dabei hat man die Wahl zwischen der sogenannten „Smokkelroute" (Schmugglerroute) und der „Pionierroute". In Zeiten der Not wurde im Grenzgebiet alles geschmuggelt, was nicht niet- und nagelfest war. Heute herrscht ein ganz legaler Einkaufstourismus.

Auf der Pionierroute können sich Radler auf die Spuren der ersten Moorkolonisten machen und erfahren, wie hart das Leben einst in dieser Region war.

Grafschaft Bentheim Tourismus, Van-Delden-Straße 1–7, 48529 Nordhorn, Tel. 05921 96 11 96, www.grafschaft-bentheim.de oder www.united-countries.net

la vie
Dekoration & Wohnaccessoires
FONTANELLA EIS

Für ewigen Frieden

Ein kurzer Blick ins Friedenssaal-Gästebuch des Osnabrücker Rathauses zeigt, dass Osnabrücks Zeiten als Provinz-Mauerblümchen der Vergangenheit angehören. Neben vielen zufriedenen Besuchern haben sich auch Jack und Rosie aus Australien hier verewigt: „Osnabruck (ist) wirklich grosartig!“ Sie wollten die malerische Altstadt sehen und dort sein, wo am sonntäglichen Morgen des 25. Oktober 1648 der Westfälische Frieden verkündet wurde.

Die verkehrsberuhigte Krahnstraße im Zentrum der Altstadt gehört zu den geselligen Abendzielen Osnabrücks.

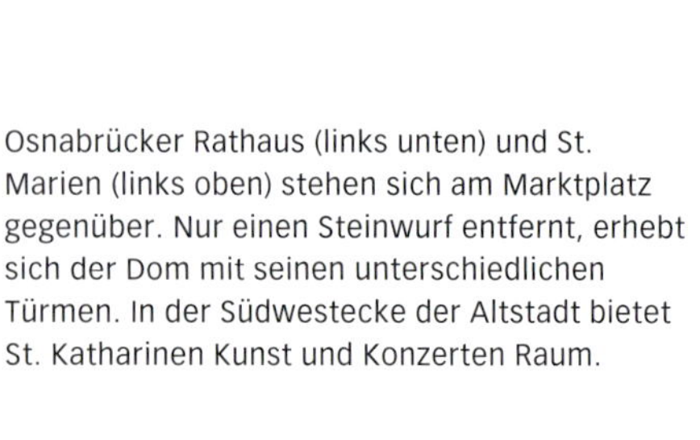

Osnabrücker Rathaus (links unten) und St. Marien (links oben) stehen sich am Marktplatz gegenüber. Nur einen Steinwurf entfernt, erhebt sich der Dom mit seinen unterschiedlichen Türmen. In der Südwestecke der Altstadt bietet St. Katharinen Kunst und Konzerten Raum.

Stufengiebel prägen den Osnabrücker Markt. Hinter der klassizistischen Fassade rechts ist das Remarque-Friedenszentrum beheimatet.

Osnabrück sei wenig bevölkert, schlecht gebaut und schmutzig, bemerkte ein Mitglied der katholischen Delegation – die Zeiten haben sich mächtig geändert.

Längst ist Osnabrück aus dem Schatten zurückgebliebener Provinzialität herausgetreten. Dabei hat der Marktplatz bis heute sein mittelalterliches Antlitz weitgehend erhalten. Und so kann man sich gut vorstellen, wie der Überlieferung nach der Stadtsyndikus Dr. Böger vor über 360 Jahren auf die Rathaustreppe trat und von dort das Ende des Dreißigjährigen Krieges verkündete. Zahlreiche Besucher aus ganz Deutschland, aus mindestens halb Europa und sogar aus den USA wollen seinem Blick nachspüren. Selbst japanische und chinesische Schriftzeichen – wohl nur für die Allerwenigsten zu entziffern – füllen das dicke Gästebuch im Friedenssaal. Aber gehen wir mal davon aus, dass auch die Gäste aus Fernost ihren Aufenthalt genossen haben – schließlich hat sogar das chinesische Staatsfernsehen eine Reportage über die Stadt im Südwesten Niedersachsens gedreht, die zu den „Historic Highlights of Germany“ zählt.

Warum nach Osnabrück?

780 nach Christus hatte Karl der Große an einem Schnittpunkt wichtiger Handelsstraßen einen Bischofssitz gegründet, aus dem Osnabrück hervorging. Immer noch liegt die Stadt an einer der meist befahrenen Autobahnen der Republik. Man hat es nicht weit bis nach Hamburg oder zur Nordsee. Doch was, bitte schön, soll man in Osnabrück? So dachten viele und hetzten vorbei, rastlos und ziemlich ratlos, wenn man sie nach Osnabrück fragte. Manchem fielen da noch die Fußballer des VfL ein, ganzer Stolz der Stadt, auch wenn es der Klub nie in die erste Bundesliga geschafft hat. Auch von der Neuen Osnabrücker Zeitung, einem regionalen Blatt mit überregionaler Bedeutung, hatte der eine oder andere schon mal was gehört. Auf den gebürtigen Osnabrücker Christian Wulff waren sie mal mächtig stolz, hängen es aber lieber nicht mehr an die große Glocke, dass er einer der Ihren ist. Da singen sie eher ein Loblied auf den Osnabrücker Heinz-Rudolf Kunze, der da wiederum schmetterte: „Dein ist mein ganzes Herz.“ Eine Liebeserklärung an seine Heimatstadt? Man könnte es durchaus verstehen.

In der Altstadt liegen die kunsthistorischen Höhepunkte nur einen Steinwurf auseinander: In Blickweite des Rathauses und der Marienkirche ragen die Domtürme in den Himmel. Ja, man hat richtig gesehen, die Türme sind unterschiedlich dick. Der schlanke und weitaus ältere Nordwestturm zählt zu Deutschlands schönsten aus romanischer Zeit. Im Diözesanmuseum und

Das fürstbischöfliche Barockschloss ist das größte seiner Art in Niedersachsen.
Heute dient es der Allgemeinheit als Teil der Osnabrücker Universität.

Anstelle des mittelalterlichen Heger Tors wurde 1817 ein
Ehrenmal für die Osnabrücker Waterloo-Kämpfer errichtet.

Seit 1999 steht im Schlosspark die Plastik „Solara" der Schweizerin Claire Ochsner.

Der Ledenhof in Schlossnähe zeigt ein überraschendes Fassadenmuster aus der Renaissance.

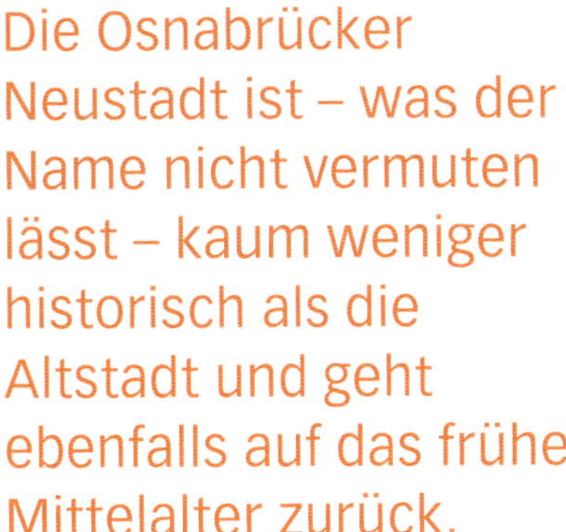

Die Osnabrücker Neustadt ist – was der Name nicht vermuten lässt – kaum weniger historisch als die Altstadt und geht ebenfalls auf das frühe Mittelalter zurück.

in der Domschatzkammer lagern tausend Jahre alte Schätze, und am Ende der Altstadtgassen stößt man auf diverse mittelalterliche Wehrtürme. Einer von ihnen, der Bucksturm, präsentiert eines der dunklen Kapitel der Stadt – die Hexenverfolgungen im 16. und 17. Jahrhundert.

Rühmen hingegen können sich die Osnabrücker ihrer Lage. Vom Turm der Marienkirche hat man eine herrliche Fernsicht auf die bewaldeten Hügel des Teutoburger Waldes und des Wiehengebirges. Doch was die Osnabrücker geflissentlich verschweigen, wenn sie Gästen die Turmbesteigung empfehlen: Zwischen Altstadt und Wäldern ist und bleibt Osnabrück ein ziemlich wild zusammengesetztes Puzzle. Kein Wunder, war die Industriestadt samt Stahlwerk im Zweiten Weltkrieg doch Ziel zahlreicher alliierter Fliegerangriffe. Die alte Bausubstanz wurde zum Teil bis zu 90 Prozent zerstört. Ihre Altstadt haben die Osnabrücker zum Glück, so gut es ging, originalgetreu wiederaufgebaut.

Kulturelles links und rechts

Es ist müßig darüber zu streiten, ob Osnabrück nun eine kleine Großstadt oder vielleicht doch eher eine große Kleinstadt ist. Auf jeden Fall ist sie sympathisch mit ihrem vielfältigen kulturellen Angebot. Vor allem versteht man zu feiern, ob in den zahlreichen Kneipen der Altstadt oder bei den über das Jahr verteilten Festivitäten. Selbst auf dem Wochenmarkt kaufen die Osnabrücker im Sommer ihr Gemüse zu den Darbietungen zahlreicher Straßenkünstler ein. Traditionelle Klänge ertönen alljährlich am Vorabend des 1. Mai, wenn das Volkslied „Der Mai ist gekommen" angestimmt wird, das mit Justus Wilhelm Lyra ein weiterer Sohn der Stadt komponiert hat. In der Maiwoche dann steht Bühne an Bühne in der Innenstadt und es wird gerockt, was das Zeug hält. Die Osnabrücker kriegen das gut hin, diesen Spagat zwischen Tradition und Moderne. Den Blick zurück in die Geschichte gönnen sie sich unter einer Bedingung: Dass man daraus etwas für die Zukunft lernen und entwickeln kann.

Menschen aus 140 Ländern leben in der Friedensstadt Osnabrück. Es hat sich herumgesprochen, dass man hier wohlgelitten ist, unabhängig von Herkunft, Hautfarbe und Religion. Weil das Zusammenleben verschiedener Kulturen naturgemäß trotzdem bisweilen zu Spannungen und Missverständnissen führt, engagiert sich Osnabrück wie kaum eine andere Stadt in Deutschland in Sachen Toleranz, Völkerverständigung und für ein friedliches Mitein-

Der Osnabrücker Markt bildet eine stimmungsvolle Kulisse für den Weihnachtsmarkt.

Am Ossensamstag vor Rosenmontag zieht das Karnevals-Dreigestirn durch die Altstadt. Im Juli füllt „Folk im Viertel" das Heger-Tor-Viertel, und Gäste genießen das gemütliche Ambiente eines Lokals.

ander. Diese Haltung hat sich aus der Verkündung des Westfälischen Friedens vor mehr als 370 Jahren entwickelt und wird gelebt in der Stadt.

Bei Weitem beschränkt sich dies nicht nur auf die „Friedensbrötchen" beim Bäcker oder den „Friedensschinken" in einer alteingesessenen Metzgerei. Nein, um den Anspruch einer „Friedensstadt" gerecht zu werden, gründeten die Osnabrücker 2001 ein Büro für Friedenskultur als Ideenschmiede, die mit Gemeinden, Vereinen und Einzelpersonen Konzepte für die Völkerverständigung entwickelt sowie Toleranz und Dialogbereitschaft fördert. Dass dies nicht nur graue Theorie bleiben muss, davon kann sich jeder selbst bei interkulturellen Festen wie dem Morgenland- und dem Afrika-Festival oder auch bei „Gay in May" überzeugen, den seit über 30 Jahren stattfindenden schwul-lesbischen Kulturtagen.

Mit Stolz betrachtet

Wulff hin, Kunze her – die berühmtesten Söhne der Stadt sind zweifelsohne der Schriftsteller Erich Maria Remarque und der Maler Felix Nussbaum. Remarques Antikriegsroman „Im Westen nichts Neues" ist in über 50 Sprachen übersetzt und weltweit mehr als 20 Millionen Mal verkauft worden, die Verfilmung von 1930 erhielt einen Oscar. Die National-

Dem Maler Felix Nussbaum ist ein irritierender Museumsbau gewidmet, Erich Maria Remarque das gleichnamige Zentrum. An 400 Jahre Steinkohlebergbau am Piesberg erinnert das Museum Industriekultur im früheren Haseschachtgebäude.

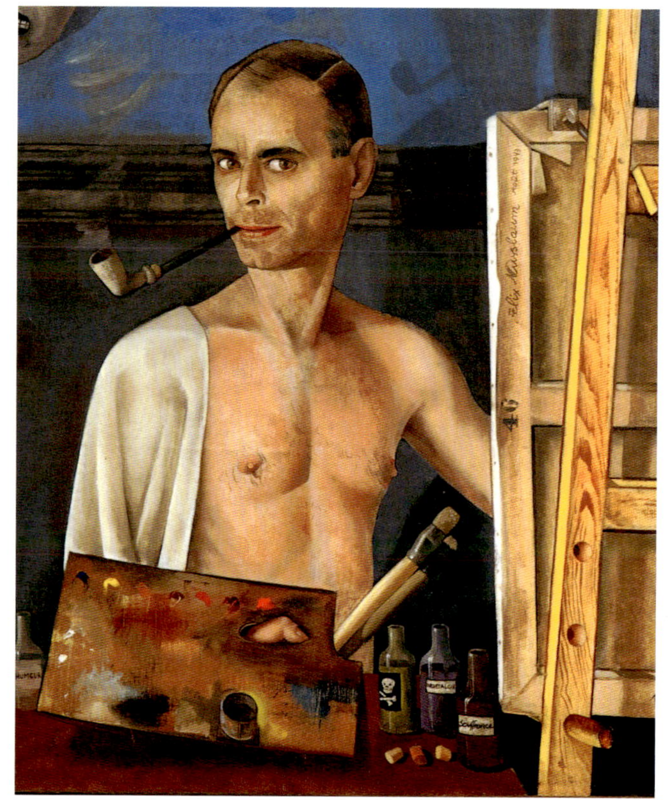

sozialisten verbrannten seine Bücher, 1938 wurde ihm die deutsche Staatsbürgerschaft aberkannt. Remarque emigrierte, lebte in der Schweiz und den USA. Es hat eine Weile gedauert, bis sich die Stadt nach dem Zweiten Weltkrieg an ihren berühmten Sohn erinnerte. Und es dauerte noch ein wenig länger, bis Remarque wieder seinen Frieden mit seiner Heimatstadt gemacht hat.

Mit Felix Nussbaum konnte es nach 1945 keine Versöhnung mehr geben. Der Osnabrücker Maler jüdischen Glaubens war ein Jahr zuvor in Auschwitz ermordet worden. Ein Großteil seines Werks, das man der Neuen Sachlichkeit zuordnet und das so eindringlich den Wahnsinn des Holocaust aufzeigt, wird im Felix-Nussbaum-Haus ausgestellt. Man

Das Felix-Nussbaum-Haus versteht sich als ein Leuchtzeichen und verweist auf den Standort der Alten Synagoge.

weiß also um das Schicksal des Malers, aber man weiß bald nicht mehr, wie einem selbst geschieht, wenn man durch die kahlen, nackten Gänge aus Holz, Stahl und Beton des verschachtelten Komplexes irrt. Das Felix-Nussbaum-Haus ist alles andere als ein Wohlfühlmuseum, kein Raum, um beim Gläschen Schampus Vernissagen zu feiern. Es zwingt den Besucher geradezu, sich mit dem Grauen auseinanderzusetzen und nimmt ihn mit auf eine Reise durch die „Räume gegen das Vergessen“. In dem verstörend wirkenden und doch so durchdachten Bau des Stararchitekten Daniel Libeskind, der in Osnabrück sein erstes Projekt verwirklichen konnte, spiegelt sich auch die Zerrissenheit des Künstlers wider, seine Orientierungslosigkeit, sein Leben auf der Flucht – bis zum bitteren Ende in den Gaskammern.

UNSERE FAVORITEN

Im Reich des grünen Daumens

Von der prächtigen barocken Gartenanlage auf hochherrschaftlichem Grund über kleine Paradiese hinterm Gartenzaun bis hin zum Bibelgarten – die Region bietet Gartenliebhabern eine bunte Palette an sehenswerten Parks und Gärten, in denen man bestens die Seele baumeln lassen und sich Inspiration für den eigenen Garten holen kann.

1 Himmlische Ruhe

Der Bibelgarten in Twist ist ein Ort der Ruhe, eine spirituelle Stätte, an der man wunderbar zu sich selbst kommen kann. Ob man auf dem „Weg zum Glück" wandeln möchte, sich im „Garten des Nazareners" auf die Spuren von Pflanzen und Heilkräutern aus der Bibel machen oder einfach an der Pracht von Käthes Bauerngarten erfreuen will – ein Besuch des Bibelgarten Twist lohnt sich in allen Fällen. Für Interessierte bietet die Gemeinde Führungen und Seminare an, zudem kann man dort eine Kaffeetafel und ein Abendbrot buchen.

Ev.-luth. Kirchengemeinde Twist, Am Kanal 44, 49767 Twist, Tel. 05936 23 74, www.bibelgarten-twist.de

2 Pflanzenpower bei Emsflower

Der Gegenentwurf zum beschaulichen Bibelgarten dürfte der Erlebnispark Emsflower in Emsbüren sein. Abermillionen von Pflanzen aller Art verzaubern Gartenfreunde in einer der größten Gärtnereien Europas. Genießen Sie die zauberhafte Atmosphäre im Tropengarten, lauschen Sie dem Gezwitscher exotischer Vögel und entspannen Sie unter Palmen oder uralten Olivenbäumen. Gartenfreunde lassen sich in den zahlreichen Schaugewächshäusern inspirieren und von Fachleuten umfassend beraten.

Emsflower, Carl-von Linné-Straße 1, 48488 Emsbüren, Tel. 05903 93 55 30, www.emsflower.de

3 Bunter Bauerngarten

Seit Jahrhunderten bereits ist der Bauernhof im Bramscher Ortsteil Epe im Besitz der Familie Kiesekamp. Generationen vor den jetzigen Bewohnern um Anneliese und Jürgen haben bereits hier gewerkelt und gegärtnert. Man sieht es diesem großzügigen, bäuerlichen Garten an: stattliche alte Bäume spenden Schatten, eine 1796 errichtete Bruchsteinmauer rahmt das Ensemble ein. Im Frühjahr blühen die Obstbäume um die Wette, im Buchsbaumgärtchen farbenfrohe Stauden und duftende Rosensträucher. Noch besser duftet es im Kräutergarten, und wenn die Zeit gekommen ist, dürfen Besucher im Naschgarten von den Beeren probieren.

Oberortstrasse 1, 49565 Bramsche-Epe, Tel. 05461 6 24 52, Mai–Sept. mit Voranmeldung, Eintritt (mit Führung): 2,50 €

4 Landschaftspark im englischen Stil

Schloss Hünnefeld bei Bad Essen mit seinem Café in der Alten Rentei ist ein beliebtes Ausflugsziel in der Region. 2015 umfangreich restauriert, präsentiert sich der vor gut 200 Jahren angelegte Landschaftspark im englischen Stil nun wieder in seiner vollen Pracht. Erschaffen hat ihn der ehemalige Schlossherr Clamor Adolph Theodor von dem Bussche. Der Park ist durch eine sogenannte „Weltinsel" mit dem Wasserschloss verbunden und beheimatet zahlreiche exotische Gewächse.

Schloss Hünnefeld, 49152 Bad Essen, Tel. 05472 44 28, www.schloss-huennefeld.de, zu besichtigen ist der Park nur nach Voranmeldung für Gruppen ab 20 Personen

5 Wie am Amazonas

Das Besondere am Botanischen Garten Osnabrücks ist seine Lage inmitten zweier ehemaliger Steinbrüche. Wie ein auf der Erde gelandetes Raumschiff muten die Gewächshäuser am oberen Rand des Steinbruchs an. Auf dem Freigelände sind interessante Pflanzensammlungen aus Nordamerika, Asien, dem europäischen Gebirgsraum sowie dem Mittelmeerraum zu bestaunen. Hauptattraktion jedoch ist das Tropicarium, in dem die Besucher quasi durch den Amazonas-Urwald spazieren.

Botanischer Garten Universität Osnabrück, Albrechtstraße 29, 49076 Osnabrück, Tel. 0541 9 69 27 39, www.bogos.uni-osnabrueck.de

6 Artländer Gartenkunst

Auch im Artland mit seinen jahrhundertealten, imponierenden Hofanlagen finden Gartenfreunde einige beeindruckende Bauern- und Ziergärten. In allen Farben leuchtende Staudenbeete am Rand von uralten Streuobstwiesen, verschiedene Beerensträucher, Rhododendren, Hainbuchenhecken, schimmernde Gartenteiche und die für die Artländer Höfe typischen Taxus-Gewächse zieren die privaten Gärten, die auf Anfrage besichtigt werden können. Hunderte von wunderschönen Rosen hat das Ehepaar Everding in ihrem Rosarium auf dem Mühlengelände in Groß-Mimmelage gepflanzt. Einige Gärten bieten einen Imbiss bzw. Kaffee und Kuchen an.

Im Angebot sind auch Bustouren inkl. eines kundigen Gartenführers. Infos: Tourismus-Info Artland, Markt 4, 49610 Quakenbrück, Tel. 05431 90 75 90

7 Blühendes Erbe

Im kleinen niederländischen Örtchen Dedemsvaart, unweit der Grenze zur Grafschaft Bentheim, ist große Gartenkunst zu erleben. In verschiedenen Themengärten hat Wilhelmina Jacoba Moussault-Ruys ihr Erbe hinterlassen. Die 1999 verstorbene Niederländerin zählte zu den bedeutendsten Gartenarchitekten Europas. Zu bestaunen sind unter anderem ein Versuchsgarten für Sonnen- und Schattenpflanzen, ein sogenannter Verwilderungsgarten aus dem Jahr 1924, ein Moorgarten, ein Kräutergarten und ein Wassergarten.

Stichting Tuinen Mien Ruys, Moerheimstraat 84, NL-7701CG Dedemsvaart (außerhalb der Karte), Tel. +31 523 61 47 74, www.tuinenmienruys.de

8 Lange Tradition

Urkundlich erwähnt wurde das Schloss Gesmold bei Melle bereits im 12. Jahrhundert, später wurde es zu einem prachtvollen barocken Herrensitz inklusive einer weitläufigen Garten- und Parkanlage umgestaltet. Beeindruckend ist die rund zwei Kilometer lange Parkachse, die – vorbei an Fontänen, Fischteichen und einst auch an einem Heckenlabyrinth – unter anderem zu einem kleinen Jagdschlösschen führt. Zur prachtvollen Anlage zählen auch die wohl älteste Orangerie Norddeutschlands sowie ein Wallgarten im englischen Landschaftsstil.

Schloss Gesmold, Schlossallee 5, 49326 Melle, Tel. 05422 4 42 16, www.schloss-gesmold.de

9 Barocke Gartenpracht im Stern

Das spätbarocke Jagdschloss Clemenswerth in Sögel liegt inmitten der weltweit einzigen, komplett erhaltenen Alleesternanlage. Vom Schloss aus sind durch Schneisen fast alle Gärten aus dem 18. Jahrhundert zu sehen. So auch der Klostergarten, den Kurfürst Clemens August einst den Kapuzinermönchen zur Verfügung stellte. Unweit davon befindet sich ein Ziergarten mit 250 Jahre alten Taxus- und Buxus-Gehölzen. Zum Gelände zählen zudem mehrere Teiche, an denen der Schlossherr einst der Entenjagd frönte.

Schloss Clemenswerth, 49751 Sögel, Tel. 05952 93 23 25, www.clemenswerth.de

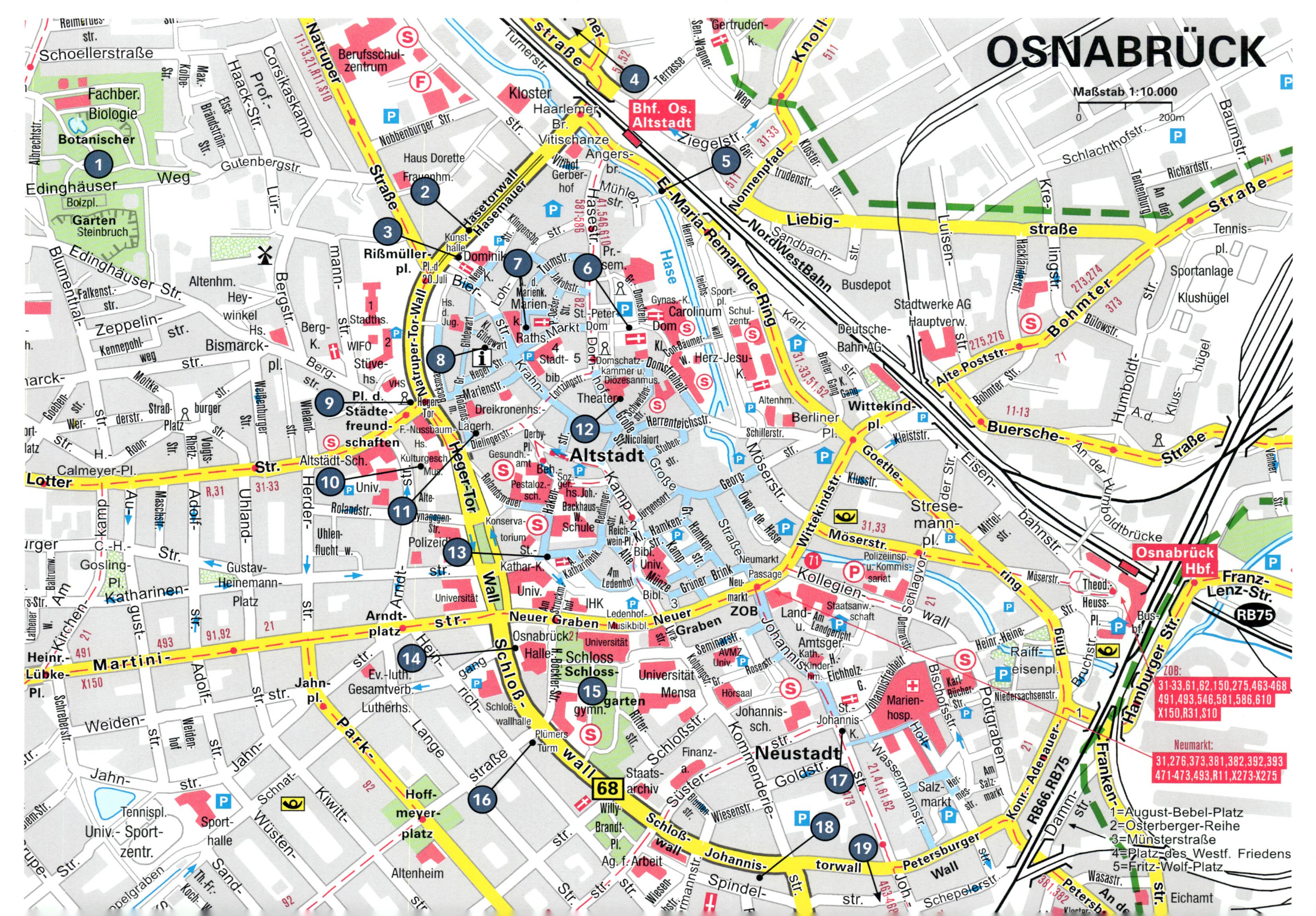

OSNABRÜCK
Maßstab 1:10.000
0
200m
1=August-Bebel-Platz
2=Osterberger-Reihe
3=Münsterstraße
4=Platz des Westf. Friedens
5=Fritz-Wolf-Platz
ZOB:
31-33,61,62,150,275,463-468
491,493,546,581,586,610
X150,R31,S10
Neumarkt:
31,276,373,381,382,392,393
471-473,493,R11,X273-X275
Osnabrück Hbf.
Bhf. Os. Altstadt
RB75
RB66,RB75
NordWestBahn
Hase
Altstadt
Neustadt
Natruper Straße
Natruper-Tor-Wall
Heger-Tor
Wall
Schloß-
Schloss
Neuer Graben
Martini-
Lotter Str.
Bohmter Straße
Liebig-straße
Buersche-Straße
E.-Maria-Remarque-Ring
Konr.-Adenauer-Ring
Hamburger Str.
Franken-
Petersburger Wall
Johannistorwall
Johannis-
Wittekindstr.
Goethe-
Möserstr.
Kollegienwall
Schlagvorder
Pottgraben
Bischofsstr.
Marienhosp.
Wassermannstr.
Kommenderie-
Große Str.
Dom
Markt
Raths.
Theater
Universität
Mensa
Schlossgarten
Park-
Herder-
Uhland-
Adolf-
Botanischer Garten
Steinbruch
Schoellerstraße
Edinghäuser Weg
Berufsschulzentrum
Haus Dorette
Stadtwerke AG Hauptverw.
Busdepot
Deutsche-Bahn AG
Klushügel
Sportanlage
Luisen-
Hackländerstr.
Baumstr.
Tennis-pl.
Hasestr.
Staatsarchiv
Willy-Brandt-Pl.
Sporthalle
Univ.-Sportzentr.
Lutherhs.
Hoffmeyer-platz
Arndt-platz
Jahn-pl.
Bergstr.
Corsikaskamp
Prof.-Haack-Str.
Bismarck-str.
Zeppelin-str.
Blumenthal-
Calmeyer-Pl.
Katharinen-
Gosling-Pl.
Heinr.-Lübke-Pl.
Weiden-str.
Kiwitt-
Wüsten-
Sand-
Lange straße
Eichamt
Altenheim
1
2
3
4
5
6
7
8
9
10
11
12
13
14
15
16
17
18
19
68

Eine Stadt in früherem Glanz

Von der Rathaustreppe zu Osnabrück wurde 1648 der „Westfälische Friede“ und damit das Ende des Dreißigjährigen Kriegs verkündet. Wie damals ist Osnabrück aber auch heute keine Metropole. Und dennoch tritt es eindrucksvoll den Beweis an, dass Provinz kein Nachteil sein muss. Die lebendige Universitätsstadt mit ihrem historischen Altstadtkern verbindet spielerisch Tradition und Moderne.

Allgemein

780 gründete Karl der Große am Knotenpunkt wichtiger Handelswege eine Missionszelle. Aus ihr ging Osnabrück hervor, mit rund 165 000 Einw. nach Hannover und Braunschweig die drittgrößte Stadt Niedersachsens. Bereits um 800 wurde der Missionsbezirk zum Bistum. Osnabrück entwickelte sich zu einem wichtigen Handelsstandort. 1002 wurden Markt-, Münz- und Zollrecht erteilt, 1171 sprach Kaiser Friedrich I. Barbarossa Osnabrück eine eigenständige Gerichtsbarkeit zu. Im späten Mittelalter trat Osnabrück der Hanse bei und blieb bis 1669 Mitglied des Städtebundes.

Das bedeutendste Ereignis in der Geschichte Osnabrücks war der 25. Oktober 1648; an jenem denkwürdigen Herbsttag wurde im hiesigen Rathaus der Westfälische Friede und damit das Ende des Dreißigjährigen Krieges verkündet. Osnabrück war 1641 mit dem (katholischen) Münster zum zweiten (protestantischen) Ort für Verhandlungen bestimmt worden. Die „Friedensstadt“ Osnabrück fühlt sich dieser Tradition verpflichtet und rief als erste Stadt Deutschlands ein Büro für Friedenskultur ins Leben. Alle zwei Jahre vergibt die Stadt den Erich Maria Remarque Friedenspreis, seit 2001 ist Osnabrück zudem Sitz der Deutschen Stiftung Friedensforschung.

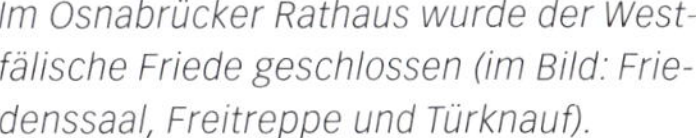
Im Osnabrücker Rathaus wurde der Westfälische Friede geschlossen (im Bild: Friedenssaal, Freitreppe und Türknauf).

Ende des 18. Jhs., nach dem gerade überstandenen Siebenjährigen Krieg, lebten gerade noch 6000 Menschen in der Stadt, Anfang des 19. Jhs. endete auch das Fürstbistum Osnabrücks. Zunächst herrschten die Franzosen (1803–1813), dann das Königreich Hannover, ehe Osnabrück 1866 an Preußen kam.

Bereits seit dem späten Mittelalter wurde am Piesberg Kohle gefördert, ab 1868 wurde in Osnabrück Stahl gekocht und die Stadt entwickelte sich zu einem wichtigen Industriestandort im deutschen Kaiserreich.

Der Zweite Weltkrieg legte große Teile der Stadt in Schutt und Asche. 68,5 % des Stadtgebiets waren zerstört, die Innenstadt sogar zu 85 %. 1948 wurde das Rathaus nach umfangreichen Renovierungsarbeiten neu eröffnet. 1974 nahm die Universität Osnabrück den Lehrbetrieb auf.

Bekannteste Söhne der Stadt sind der Schriftsteller Erich Maria Remarque (1898–1970), bekannt geworden durch seinen Antikriegsroman „Im Westen nichts Neues“, und der Maler Felix Nussbaum (1904–1944). Als einzige deutsche Großstadt liegt Osnabrück inmitten eines Naturparks – dem UNESCO-Geopark TERRA.vita.

INFORMATION
Tourist-Information Osnabrück/ Osnabrücker Land, Bierstraße 23, 49074 Osnabrück, Tel. 0541 3 23 22 02, www.osnabrueck.de/tourismus

Sehenswert

Die Osnabrücker Altstadt ist reich an historischen Gebäuden. Prunkstück ist das spätgotische 7 **Rathaus** TOPZIEL, das 1512 nach

Tipp

Wie in alten Zeiten

Osnabrück bei Nacht kann man auf einem Nachtwächter-Rundgang erleben. Bis 1913 zogen die Nachtwächter durch die Straßen, um für Ruhe und Ordnung zu sorgen, heute versorgen sie Touristen mit Informationen. Im nur von Kerzen beleuchteten Friedenssaal des Rathauses beginnt die stimmungsvolle Tour durch die Altstadt, mit einem Blick vom Turm der St.-Marien-Kirche auf das nächtliche Osnabrück endet sie.

Details bei der Tourist-Information; www.osnabrueck-stadtfuehrungen.de

25-jähriger Bauzeit fertiggestellt wurde (Markt, Tel. 0541 3 23 21 52; Mo.–Fr. 9.00–20.00, Sa. 9.00–16.00, So. 10.00–16.00 Uhr). Porträts von europäischen Gesandten des Friedenskongresses und den Herrschern jener Zeit, u. a. vom französischen Sonnenkönig Ludwig XIV. und dem deutschen Kaiser Ferdinand III., sind im Friedenssaal zu bewundern; die Schatzkammer des Rathauses beherbergt u. a. den wertvollen Kaiserpokal (13. oder 14. Jh.). Interessant ist die Dauerausstellung über die Zerstörung des Rathauses im Zweiten Weltkrieg und den Wiederaufbau nach 1945. Kombinierte Rathaus- und Altstadtführungen Mi. 13.30, Fr. 16.00 und Sa. 12.00 Uhr.

Gleich nebenan steht die **Stadtwaage** (1532), heute Standesamt. Vis-à-vis erhebt sich beeindruckend die gotische Bürgerkirche **St. Marien** (13. Jh.–um 1440; Markt, Tel. 0541/283 93). Sehenswert im Inneren des Gotteshauses sind das Taufbecken aus Baumberger Sandstein (um 1560) sowie der Hauptaltar (1510–1515).

Der 6 **Dom St. Peter** (Große Domfreiheit, Mo. bis Fr. 7.00–19.45, Sa. 7.30–19.00, So. 7.30 bis 20.00 Uhr) zählt zu den Meisterwerken spätromanischer Baukunst. Seine heutige Form erhielt die Kathedrale im 13. Jh. (Urspr. um 1100), der filigrane Nordturm zählt zu Deutschlands schönsten aus romanischer Zeit, der Südturm wurde im 15. Jh. durch einen wuchtigen spätgotischen Bau ersetzt. Schmuckstücke im Inneren sind u. a. ein Triumphkreuz (1230) und ein bronzenes Taufbecken (1225).

Sehenswert sind die gotische 17 **Johanniskirche** (1256 bis 1292), die spätgotische 13 **Katharinenkirche** (bis um 1500) und die 19 **Lutherkirche** (1909; Miquelstraße, südl. außerhalb der Karte).

Das 15 **Osnabrücker Schloss** (Neuer Graben), zwischen Alt- und Neustadt gelegen, ist das größte Barockschloss Niedersachsens. Der protestantische Fürstbischof Ernst August I. ließ es 1667–1675 nach Plänen des italienischen Meisterarchitekten Nicolao di Montalbano errichten. Im Dritten Reich wurde das Schloss von der Gestapo genutzt; heute dient es einem weitaus erfreulicheren Zweck – die Universität Osnabrück ist in die fürstlichen Gemäuer eingezogen. Gegenüber befindet sich der **Ledenhof** (um 1500; Am Ledenhof 3), einst mittelalterlicher Stadtsitz der Adelsfamilie von Leden. Heute hat die Deutsche Stiftung Friedensforschung ihren Sitz in dem markanten Palais mit seinen Ziergiebeln. Überragt wird sie vom Steinwerk (14. Jh.), einem früheren Speicher. Auffällig bei einem Bummel durch Osnabrück sind die Wehrtürme aus unterschiedlichen Epochen – so z. B. der 5 **Pernickelturm** (13. Jh.), der 16 **Plümersturm** (wohl 14. Jh.), der 18 **Gesperrte Turm** (15 Jh.) oder der 2 **Bürgergehorsam** (1519). Das 9 **Heger**

Feldbahn am Piesberg; das „Walhalla" in der Bierstraße; farbiges Lichterspiel auf dem Osnabrücker Weihnachtsmarkt

Tor hingegen war nie Teil einer der alten Wehranlagen und wurde 1817 zu Ehren der an der Schlacht von Waterloo beteiligten Osnabrücker Soldaten errichtet.

Schön bummeln, shoppen oder gemütlich einkehren kann man rund um das Heger Tor in der Großen Straße, der Krahnstraße, der Bierstraße und am Nikolaiort.

Museen

Das Museumsquartier Osnabrück umfasst das 10 **Kulturgeschichtliche Museum Osnabrück** (mit Villa Schlikker und Akzisehaus) und das **Felix-Nussbaum-Haus** TOPZIEL (Lotter Straße 2, Tel. 0541 3 23 22 07; Di.–Fr. 11.00 bis 18.00, 1. Do. im Monat 10.00–20.00, Sa., So. 10.00–18.00 Uhr). Der vom Stararchitekten Daniel Libeskind entworfene provokante und bewusst irritierende Bau beherbergt seit 1998 die größte Sammlung des in Osnabrück geborenen und in Auschwitz ermordeten Malers Felix Nussbaum, einem wichtigen Vertreter der Neuen Sachlichkeit in Deutschland.

Ihre 3 **Kunsthalle** haben die Osnabrücker in der Dominikanerkirche (Hasemauer 1, Tel. 0541 3 23 21 90; Di. 13.00–18.00, Mi.–Fr. 11.00 bis 18.00, 2. Do. im Monat 11.00–20.00, Sa., So. 10.00–18.00, Führungen So. 16.00 Uhr) untergebracht. In dem im 13. Jh. gotisch errichteten Ausstellungsgebäude wird überwiegend zeitgenössische und moderne Kunst präsentiert. Zudem findet hier im April/Mai das Europäische Medienkunstfestival statt.

Das 4 **Museum Industriekultur am Piesberg** (Fürstenauer Weg 171, Tel. 0541 12 24 47, www.industriekultur-museumos.de, nordw. außerhalb der Karte; März–Okt. Mi.–So. 10.00 bis 18.00, Nov.–Feb. Mi.–Fr. 11.00–17.00, Sa.,So. 10.00–18.00 Uhr) präsentiert die Entwicklung Osnabrücks von einer landwirtschaftlich geprägten Stadt hin zum Industrie- und Wirtschaftsstandort. Mit einem gläsernen Fahrstuhl kann man 30 m „unter Tage" fahren und einen 300 m langen Bergwerksstollen besichtigen.

Das 7 **Erich-Maria-Remarque-Friedenszentrum** (Markt 6, Tel. 0541 3 23 32 90, www.remarque.uni-osnabrueck.de, Di.–Fr. 10.00 bis 17.00, Sa., So. 11.00–17.00 Uhr) präsentiert eine Dauerausstellung zu Leben und Werk des Schriftstellers und versteht sich als Zentrum für kulturelle Friedensforschung und Friedensvermittlung.

Hotels und Restaurants

Die Stadt an der Hase bietet rund 20 Hotels und eine Vielzahl von Gaststätten mit Angeboten aus aller Herren Länder.

HOTELS

Das € € € / € € moderne **Vienna House Easy Osnabrück** (ehemals Arcona Living Hotel) liegt in unmittelbarer Nähe zur OsnabrückHalle und kommt im Retro-Look daher (Neuer Graben 39, Tel. 0541 56 95 40, www.viennahouse.com). Gemütlich und komfortabel übernachtet man im € € € € / € € € **Hotel Walhalla,** einem Fachwerkhaus aus dem 17. Jh. in der Altstadt (Bierstraße 24, Tel. 0541 34 91, www.hotel-walhalla.de).

RESTAURANTS

Leckere Tapas in gemütlichem Ambiente genießt man im € € € / € € **Pferde haben keine Flügel,** kurz PhkF (Kamp 81, Tel. 0541 2 02 79 10, www.phkf.de). Kultstatus besitzt der € € € **Tatort-Engels** (Adolfstraße, Tel. 0541 6 68 73 19, www.tatort-engels.de); auf seiner „Roten Tafel" werden täglich wechselnde Gerichte angeboten – von mediterran, asiatisch, Cross-over bis deftig regional. Das Restaurant € € € € **Wilde Triebe** (Am Sutthauser Bahnhof 5, Tel. 0541 60 07 90 33, www.wilde-triebe.de) ver-

„Viel Augenweide zu bieten hat die schöne alte Stadt Osnabrück, zu viel fast."

Natur- und Heimatdichter Hermann Löns in „Jagdgeschichten"

wöhnt seine Gäste mit regionalen und saisonalen Köstlichkeiten, im Sommer auch auf der schönen Terrasse.

Erleben

THEATER UND MUSIK

Das 12 **Theater Osnabrück** residiert in einem Jugendstilhaus am Dom (Domhof 10/11, Tel. 0541 76 00 00, www.theater-osnabrueck.de). Die Puppenspieler des 8 **Figurentheaters** in der Alten Fuhrhalterei (Kleine Gildewart 9, Tel. 0541 2 72 57, www.figurentheater-osnabrueck.de) zeigen Stücke für Jung und Alt.
Das 11 **Kulturzentrum Lagerhalle** (Rolandsmauer 26, Tel. 0541 33 87 40, www.lagerhalle-osnabrueck.de) bietet ein umfangreiches Kulturprogramm. Zudem findet hier u. a. das Osnabrücker Kabarett-Festival statt. Größere Veranstaltungen haben in der 14 **Osnabrück-Halle** (Schlosswall 1, Tel. 0541 3 49 00, www.osnabrueckhalle.de) ihre Bühne.

PARKS UND GÄRTEN

Im 19 **Zoo Osnabrück** (Klaus-Strick-Weg 12, Tel. 0541 95 10 50, www.zoo-osnabrueck.de, südl. außerhalb der Karte; Sommer tgl. 8.00 bis 18.30, Winter tgl. 9.00–17.00 Uhr) hat einiges für artgerechte Tierhaltung getan. Sehenswert sind u. a. das „Tal der grauen Riesen" mit Elefanten und Nashörnern sowie der Affentempel. Der 1 **Botanische Garten** (Albrechtstraße 29, Tel. 0541 9 69 27 04, www.bogos.uni-osnabrueck.de) lädt zum Wandeln zwischen tropischen Pflanzen ein.

VERANSTALTUNGEN

Am **Ossensamstag,** dem Samstag vor Rosenmontag, sind in Osnabrück die Narren los. Ende April bis Anf. Mai treffen sich beim **European Media Art Festival** (www.emaf.de) Medienkünstler aus der ganzen Welt in der Kunsthalle in der Dominikanerkirche. Mit dem deutsch-niederländischen **Euregio Musikfestival** (www.euregio-musikfestival.de) bietet Osnabrück jungen Klassik-Künstlern eine Plattform. Während der **Maiwoche** (www.osnabrueck.de/maiwoche) treten zahlreiche Bands auf Bühnen in der Osnabrücker Altstadt auf. Am ersten Sept.-Sonntag feiern die Osnabrücker das **Bergfest am Piesberg** mit Theater, Musik, Kunst und Mitmachaktionen; die historischen Züge der Dampflokfreunde Osnabrück pendeln dann zwischen Hauptbahnhof und Zechenbahnhof Piesberg.
Im Okt. findet das traditionelle **Steckenpferdreiten** statt. Ebenfalls im Okt. lockt das **Unabhängige Filmfest Osnabrück** (www.filmfest-osnabrueck.de) Cineasten und Filmemacher in die Friedensstadt. Ende Okt.–Dez. werden beim **Osnabrücker Kabarett Festival** die Lachmuskeln strapaziert. Beschaulich wird es beim **Weihnachtsmarkt** vor dem Rathaus. Seit 2018 kann man in der Osnabrücker Innenstadt Surfen. Möglich macht es die **Hasewelle**, eine sog. stehende Welle, die im Kaufhaus L + T installiert wurde (www.hasewelle.de).

Genießen Erleben Erfahren

Schatzsuche via Satellit

Steinkohle war jahrhundertelang das Objekt der Begierde am Piesberg, bis schließlich die Zeche 1898 stillgelegt wurde. Entstanden ist auf ihrem Gelände eine Kulturlandschaft, die von 300 Millionen Jahren Erdgeschichte erzählt. Besucher des Museums Industriekultur Osnabrück haben heute hier die Möglichkeit, auf eine besondere Art der Schatzsuche zu gehen. Ausgestattet mit Navigationsgeräten, können Sie das Bergbauareal erkunden und beim sogenannten Geocaching „im Vorbeigehen" einiges über die Geschichte dieser „Mondlandschaft" erfahren.

Ein Spaß für Groß und Klein ist es, wenn es in Gruppen von bis zu zwölf Personen von Zwischenziel zu Zwischenziel geht. Geleitet vom GPS-Gerät gilt es schließlich den Schatz zu finden. An den jeweiligen Wegpunkten erhalten die modernen Schatzsucher Daten und Informationen, die sie benötigen, um zur nächsten Anlaufstelle zu gelangen. Zuvor jedoch müssen gemeinsam Rätsel gelöst werden. Es sind keine einfachen Aufgaben, aber durchaus lösbare, wenn man unterwegs die Augen aufhält. Bis auf wenige Meter genau geben die satellitengesteuerten Geräte den aktuellen Standort der Schatzsucher an. Verlaufen hat sich noch niemand. „Die Teilnehmer sind mit Feuereifer dabei", erzählt Margret Baumann vom Museum am Piesberg. Zu Ostern werden am Piesberg Ostereier versteckt – natürlich nur per GPS zu finden.

Weitere Informationen

Museum Industriekultur Osnabrück, Fürstenauer Weg 171, Osnabrück, Tel. 0541 12 24 47, www.industriekultur-museumos.de, Mi.–So. 10.00–18.00 Uhr

Die Teilnehmer sollten festes Schuhwerk tragen. Vorkenntnisse im Geocaching sind nicht erforderlich. Es werden Exkursionen für Kinder und Erwachsene angeboten.

Für alle Teilnehmer gilt, sich unbedingt an die Hinweisschilder zu halten. Denn in bestimmten Bereichen herrscht Lebensgefahr!

Neben Geocaching bietet das Museum Industriekultur auch viele weitere Führungen an, so auch eine Fossiliensuche am Piesberg.

Auf Spurensuche

Das Osnabrücker Land bietet Besuchern eine bunte Palette kultureller und historischer Sehenswürdigkeiten, Naturfreunden dazu eine intakte Natur. Etliche Wanderwege und Radrouten führen an Schlössern mit herrlichen Gärten entlang, fürs leibliche Wohl sorgen urige Landgasthöfe. Im Museum und Park Kalkriese bei Bramsche wandelt man auf den Spuren von Römern und Germanen. Und wer sich einfach nur erholen will, ist in altehrwürdigen Kurorten wie Bad Rothenfelde, Bad Iburg und Bad Essen bestens aufgehoben.

Die prächtige Kirschblüte in Hagen am Teutoburger Wald lässt eine üppige Ernte erhoffen.

Bramscher Rot ziert den alten Webstuhl in Bramsches Tuchmacher Museum.

Allein schon wegen seiner Architektur reizt das Besucherzentrum im Museumspark Kalkriese.

Melle ist ein Pflichtziel für alle Schnauferlfreunde, ist die größte Stadt im Osnabrücker Umland doch bekannt für ihr Automuseum, in dem ältere Semester schon mal feuchte Augen bekommen.

Auch der vornehme Römer, der einst eine derartige versilberte Gesichtsmaske trug, fand in der Varusschlacht den Tod.

„Als die Römer frech geworden … zogen sie nach Deutschlands Norden …" Victor von Scheffels ungeahnt erfolgreiches „verbummeltes Studentenlied" traf den deutsch-nationalen Nerv des 19. Jahrhunderts.

Bisweilen geht es in Kalkriese recht martialisch zu. Dann nämlich, wenn sich zu besonderen Anlässen Hunderte Schauspieler und Komparsen in römische Legionäre oder barbarische germanische Horden verwandeln. Speere fliegen, Schwerter und Äxte krachen mit Getöse auf Schilde. Es wird reichlich gebrüllt – und zuhauf gestorben. Natürlich nicht wirklich, ja selbst auf Ketchup oder rote Farbe verzichtet man zum Glück bei diesem Spektakel. Und immer besiegen am Ende die Germanen um Arminius, aus dem die deutsche Nationalbewegung des 19. Jahrhunderts Hermann den Cherusker machte, die römischen Invasoren unter ihrem Feldherrn Varus – ganz so wie einst im legendären Jahr 9 nach Christus. Drei Legionen, dazu Reitereinheiten und Hilfstruppen – insgesamt rund 20 000 Mann wurden nahezu komplett aufgerieben.

Nachgestellte Scharmützel sind hier allerdings die Ausnahme. Die Macher des Museums und Parks Kalkriese setzen ansonsten auf seriöse und ansprechende Information, präsentieren ihre mehr als 3000 Funde aus den Ausgrabungsstätten aber vor allem in einer außergewöhnlichen und beeindruckenden Museumsarchitektur. Nachdem der Hobbyarchäologe Anthony Clunn Ende der 1980er-Jahre umfangreiche Münzfunde gemacht hatte und sich die Anzeichen verdichteten, dass hier die Schlacht stattgefunden hatte, wurde in Kalkriese wie verrückt gebuddelt – und nach und nach ein moderner Museumskomplex errichtet. Konturen nahm der Ausstellungsbereich als Projekt der Weltausstellung in Hannover an. Zwei Jahre später wurde das Museum mit seinem 40 Meter hohen Turm eröffnet, von dem man eine großartige Aussicht über die archäologischen Grabungsstätten hat, die sich östlich der alten Textilstadt Bramsche auf über elf Quadratkilometer erstrecken. 2009 wurde die Anlage um ein Besucherzentrum erweitert.

Die von den Schweizer Architekten Anette Gigon und Mike Guyer realisierten quaderförmigen und von Rost überzogenen Stahlbauten mit klaren, fast schon strengen Formen bilden nur scheinbar einen Kontrast zur grünen Landschaft. Bewusst wurde in Kalkriese auf eine krampfhaft historische Rekonstruktion der Geschichte verzichtet, stattdessen soll die abstrakte Gestaltung der Gebäude Besuchern einen eher individuellen Zugang zum Thema erlauben. Ob sich das jedem so erschließt, mag dahingestellt sein. Schließlich sagen sogar die Museumsmacher selbst: „Eine Deutung ist weder einfach und eindeutig, noch zwingend notwendig." Architektur-

Zwischen Raps und Wallhecke: Im Naturpark TERRA.vita ist Ruhe und Erholung zu finden.

Nördlich von Melle liegt die Diedrichsburg. Im dortigen Wildschweingehege kann man den Borstentieren sehr nahe kommen.

Das herbstliche Wiehengebirge ist ideal für weite Waldspaziergänge.

experten jedenfalls loben das Projekt als „Zusammenspiel von Sinnlichkeit und Rationalität" und sind sich darin einig, der Museumskomplex in Kalkriese sei ganz besonders gut gelungen.

Uraltes Zeitfenster

Die Varusschlacht ist schon ganz schön lange her, aber nur einen Wimpernschlag im Vergleich zu dem, was ein Steinbruch in Barkhausen bei Bad Essen offenbarte. Hier wurden in einer Felswand Fußspuren von Dinosauriern entdeckt, die vor rund 120 bis 150 Millionen Jahren entstanden sind. Die Form der Elephantopoides barkhausenensis – was übersetzt so viel wie Elefantenfuß aus Barkhausen heißt – und die Schrittlänge der Urviecher deuten darauf hin, dass die pflanzenfressenden Sauropoden mindestens 13 Meter groß waren. Später fand man noch die Fährten zweier wohl nicht ganz so freundlicher Gesellen, die der Gruppe der Fleisch fressenden Theropoden zugeordnet wurden. Wer zu viel „Jurassic Park" gesehen hat, mag nun annehmen, dass die Raubechsen es auf die Dino-Vegetarier abgesehen hatten. Falsch, denn nach heutigen Erkenntnissen lebten sie ein paar Millionen von Jahren auseinander. Und auch der Schluss, dass die Saurier die steile Wand hinaufgeklettert sind, ist nicht zulässig. Vielmehr spazierten sie im Schlamm eines urzeitlichen Meeres herum. Die im Schlick hinterlassenen Spuren wurden ausgetrocknet, von Sedimenten überlagert und schließlich zu Stein. Vor rund 70 Millionen Jahren rappelte es gehörig unter der hiesigen Erdoberfläche. Gewaltige tektonische Kräfte stellten die Gesteinsschichten der Region senkrecht – was zugleich die Geburtsstunde des Wiehengebirges bedeutete.

Rotes Tuch für jedermann

Das nördlichste deutsche Mittelgebirge erstreckt sich grob von Bramsche bis nach Melle im Südosten des Osnabrücker Landes und geht weiter östlich ins Weserbergland über. Bramsche ist

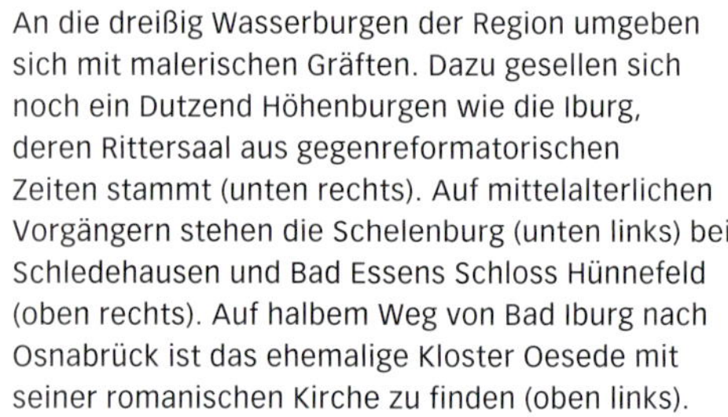

An die dreißig Wasserburgen der Region umgeben sich mit malerischen Gräften. Dazu gesellen sich noch ein Dutzend Höhenburgen wie die Iburg, deren Rittersaal aus gegenreformatorischen Zeiten stammt (unten rechts). Auf mittelalterlichen Vorgängern stehen die Schelenburg (unten links) bei Schledehausen und Bad Essens Schloss Hünnefeld (oben rechts). Auf halbem Weg von Bad Iburg nach Osnabrück ist das ehemalige Kloster Oesede mit seiner romanischen Kirche zu finden (oben links).

für viele Reisende auf der Autobahn 1 geradezu ein rotes Tuch – die Autobahn ist hier gern mal verstopft. Was die meisten nicht wissen: Die Sache mit dem roten Tuch hat ursprünglich eine ganz andere Bewandtnis und Bedeutung. Bereits im 16. Jahrhundert gründete sich in Bramsche eine Tuchmachergilde, ab dem 18. Jahrhundert produzierten die Werkstätten Stoffe aus dem leuchtenden Bramscher Rot, das unter anderem die Soldaten Englands und die des Königreichs Hannover gut sichtbar kleidete.

Die Stoffe fanden reißenden Absatz, bis sich 1837 wegen der nachhaltig veränderten politischen Großwetterlage „Preußisch-Blau" durchsetzte. In Bramsche wurde aber unverändert weiter gewalkt, gefärbt, gesponnen und gewebt

Nicht nur Westfalen, auch das Osnabrücker Land ist seit Jahrhunderten eine Hochburg der Wasserschlösser.

– bis 1972 die Produktion eingestellt wurde. Seit 1997 können Besucher quasi auf Tuchfühlung mit der Geschichte gehen und im Tuchmacher Museum die Entstehung edler Stoffe nacherleben.

Genau dort, wo die sanften Hügel des Wiehengebirges aus der platten Norddeutschen Tiefebene herausragen, im Naturpark TERRA.vita, liegt Bad Essen. Keine Spur von Sauriern, keine Römer. Dafür reichlich Fachwerk, weshalb es auch nicht verwundert, dass das Städtchen an der Deutschen Fachwerkstraße liegt. Der von Linden umsäumte Marktplatz zählt zu den schönsten in ganz Nordwestdeutschland. Die Fachwerkgebäude stammen überwiegend aus dem 17. Jahrhundert, aber Bad Essen kann mit viel Älterem aufwarten, älter noch als die Dinos: Seit rund 220 Millionen Jahren lagert hier tief unter der Erde die

Der Bad Rothenfelder Rosengarten ist eine farbenfrohe Flanieralternative zu den heilenden Gradierwerken (oben links). Im Inhalationsgang von Bad Laer finden Groß und Klein Linderung (oben rechts). Beim Tecklenburger Geranienmarkt erblüht der Marktplatz des Bergstädtchens (Mitte).

Salzmarkt in Bad Rothenfelde: Rund um das alte Gradierwerk gibt es Kunsthandwerk, Leckereien und Live-Musik.

Bad Essen zeigt am Kirchplatz eines der schönsten Ortszentren der Region.

Sole, der Bad Essen seinen Titel Sole-Kurort zu verdanken hat. Der Salzgehalt dieser mineralreichsten Solequelle Europas übersteigt sogar noch den des Toten Meers.

Bunte Bilder auf weißem Gold

Bad Essen ist eines der vier „Vitalbäder" im Osnabrücker Land. Bad Laer zählt dazu, Bad Rothenfelde und auch Bad Iburg. Das beeindruckende Iburger Schloss war nicht nur jahrhundertelang Residenz der Bischöfe von Osnabrück, sondern 1668 auch der Geburtsort von Sophie Charlotte, die 1701 zur ersten Königin Preußens gekürt wurde. Vier Jahre später starb sie an einer Halsentzündung. Es ist müßig darüber zu spekulieren, ob ihr eine Sole-Kur geholfen hätte, denn die Heilwirkung des „weißen Goldes" wurde im Osnabrücker Land erst nach ihrem Tode genutzt. Und zwar erstmals in Bad Rothenfelde, das gleich mit zwei Gradierwerken aufwarten kann. Die heilende Wirkung der Sole, die ursprünglich ausschließlich zur Salzgewinnung genutzt wurde, entdeckte ein französischer Militärarzt 1811.

Nach der Gesundheitsreform zu Beginn des neuen Jahrtausends war das Kuren auf Krankenschein nicht mehr so einfach möglich wie zuvor und nicht wenigen Kliniken ging das Geld aus. Moderner orientiert, bieten die Heilbäder heute einen Mix aus klassischer Kur, Wellness-, Fitness- und Beauty-Angeboten und können wieder steigende Besucherzahlen vermelden. Auch, weil sie experimentierfreudig sind. Wie die Bad Rothenfelder, die von 2007 bis 2018 mit der Lichtsicht-Biennale ein ambitioniertes und ziemlich avantgardistisches Winterspektakel ausrichteten. Die Initiatoren hatten entdeckt, dass das tropfnasse Astgeflecht der Gradierwerke und der feine Sprühnebel eine überaus reizvolle Projektionsfläche darstellen. Aber ob die farbenprächtige Lichtershow fortgeführt werden kann, ist nicht sicher, denn einmal mehr fehlt für die Kultur das Geld.

DIE VARUSSCHLACHT

Quo vadis?

Asterix sei Dank! Weiß heute doch jeder, dass diese Frage „Wohin gehst Du?" bedeutet. Es ist nicht anzunehmen, dass die Germanen die Römer vor der legendären Varusschlacht noch höflich nach ihrem Weg fragten. Wohin die Römer wollten, ist heute nur eine Marginalie. Die Frage, die sich unverändert brennend stellt, ist vielmehr: Wo nur fand die Schlacht statt?

Gesichtsmasken gehörten zur Ausstattung der römischen Reiterei.

Bereits im frühen Mittelalter legte sich Bischof Otto von Freising auf Augsburg fest. Als zu Beginn des 16. Jahrhunderts die Aufzeichnungen des Tacitus auftauchten, kam der Teutoburger Wald in den Blick, andere verlegten die Schlacht in den Harz bzw. ins Lippische Gebirge – oder eben nach Kalkriese bei Osnabrück. „700 Theorien – doch keine führt zum Schlachtfeld", bekannte einer der zahlreichen Wissenschaftler.

Die Falle schnappt zu

Ziemlich sichere Angaben gibt es hingegen zur Entstehung der Schlacht. Im Jahr 9 nach Christus war Publius Quinctilius Varus vom römischen Kaiser Augustus als Statthalter nach Germanien abkommandiert, um im Namen Roms Recht zu sprechen und Steuern einzutreiben. Varus hatte sich bereits in Syrien und Afrika als effektiv erwiesen. Mit weiß Gott nicht immer zimperlichen Methoden: Varus war ein unnachgiebiger und über die Maßen brutaler Vertreter der antiken Weltmacht.

Sein Gegenspieler Arminius, von Geburt Sohn eines Cheruskerfürsten, wurde bereits als Kind von den Römern als Geisel genommen. Er wuchs in Rom auf, genoss eine umfassende Ausbildung, wurde in den Adelstand erhoben. Als er in seine ursprüngliche Heimat zurückkehrte – als Vertrauter von Varus – war er mehr Römer als Cherusker.

Doch warum er dann Varus hintergangen hat und die römischen Legionen ins Verderben lockte, ist einmal mehr Rummelplatz der Interpretationen. Gutwillige meinen, Arminius habe die Demütigungen seiner germanischen Landsleute nicht ausgehalten – in Varus' Augen standen sie mit Tieren auf einer Stufe. Andere Quellen nennen Arminius, germanisiert als Hermann der Cherusker bekannt, einen Machtbesessenen, der nur die alleinige Herrschaft über die germanischen Stämme im Sinn gehabt habe.

Wie dem auch sei, der Fortgang der Ereignisse ist wieder historisch gut überliefert: Arminius täuschte Varus, es gab Berichte von angeblichen Aufständen. Trotz herbstlichem Wetter schlug der Feldherr mit seinen Legio-

In zeitraubender Kleinarbeit werden archäologische Fundstücke dokumentiert und katalogisiert (oben). Zu den herausragenden gehört beispielsweise das Amulett eines römischen Maultiers (unten).

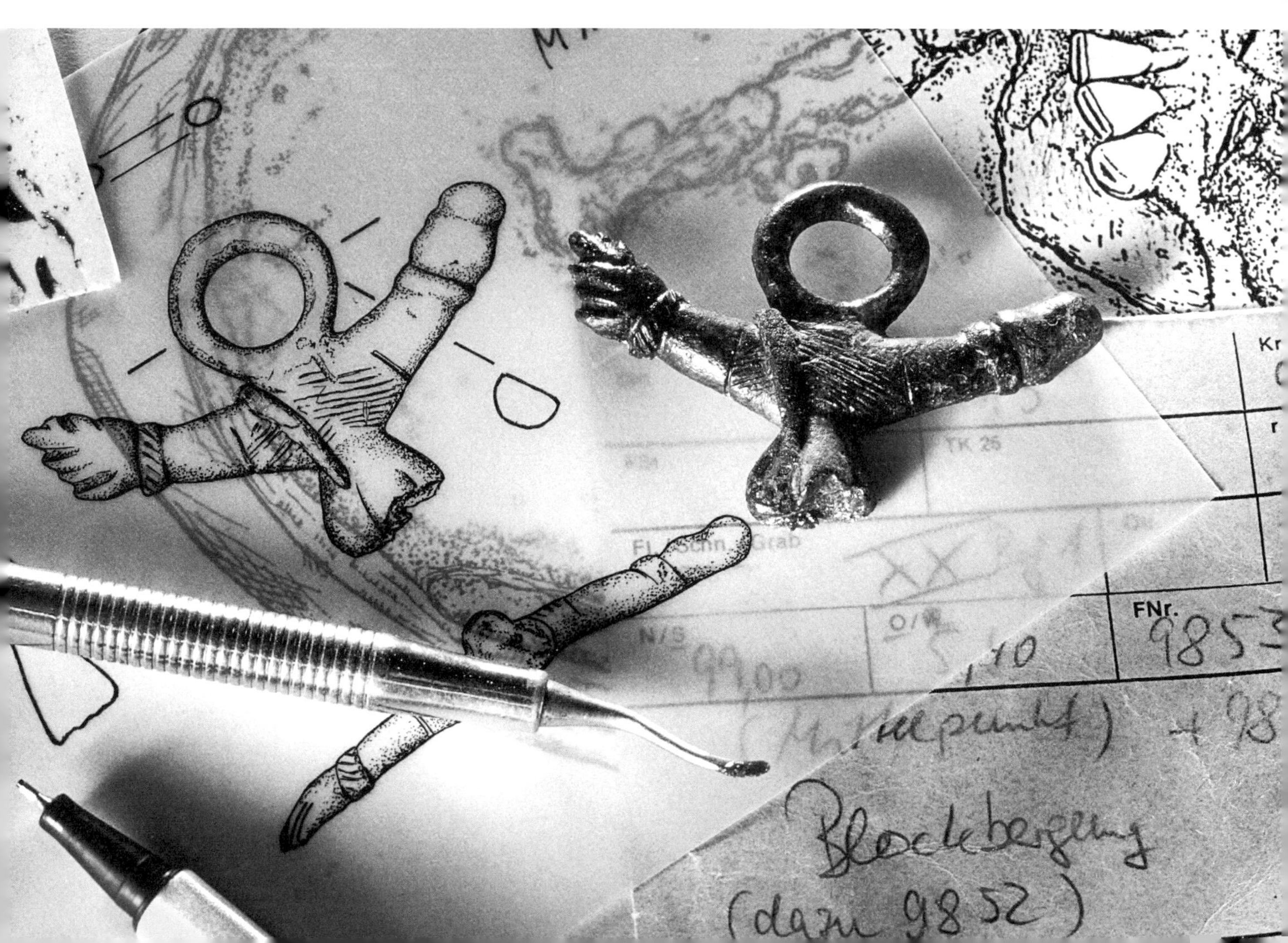

Am Rand der „Schlacht" entstehen „authentische" germanische Souvenirs. Schon vor 2000 Jahren galt es, den Feind mit seinem Äußeren zu schrecken.

nen einen Umweg ein, um sich vor Ort ein Bild zu machen und die Revolte gegebenenfalls niederzuschlagen. Die Germanen lockten die römischen Truppen in unwegsames Gelände, auf einen schmalen Streifen zwischen bewaldeten Bergrücken und einem schwer zugänglichen Moorgebiet, und wagten dort den Überraschungsangriff.

soll er den berühmten Ausspruch getan haben: „Quinctili Vare, legiones redde – Quinctilius Varus, gib mir meine Legionen wieder!"

Arminius hatte zwar die Schlacht gewonnen, seine Bemühungen, die Herrschaft über die Germanenstämme zu erlangen, schlugen jedoch fehl. Schnell gab es Zwist zwischen den Provinzfürsten, besseren Warlords, und Arminius wurde schließlich im Jahr 20 nach Christus von der eigenen Verwandtschaft umgebracht.

Die letzte Sicherheit fehlt

Die Lokalisierung der Varusschlacht entpuppt sich auch deshalb als schwierig, weil die Germanen das Schlachtfeld wohl ausgiebig plünderten. Erst nach den Entdeckungen des britischen Hobbyarchäologen Major Tony Clunn und des Archäologen Wolfgang Schlüter fokussierte sich die Forschung auf Kalkriese als Ort der römischen Katastrophe. Sie fanden einen römischen Münzschatz und Schleudergeschosse aus Blei. Umfangreiche Grabungen wurden ab 1989 eingeleitet. Mehr als 6000 Fundstücke sind seither ans Tageslicht gekommen.

Damit war zumindest bewiesen, dass es hier größere militärische Auseinandersetzungen gegeben hatte. Der letzte Beweis, dass es sich dabei um die legendäre Varusschlacht handelt, steht aber nach wie vor aus. Denn allein der künstliche Wall, von dem der Angriff ausgegangen sein mag, konnte rekonstruiert werden.

„Quinctili Vare, legiones redde – Quinctilius Varus, gib mir meine Legionen wieder!"

Man möchte zwar allzu gerne Gewissheit haben, wo die dreitägige Schlacht stattgefunden hat. Was dort passiert ist, aber lieber nicht im Detail wissen. Die germanischen „Barbaren" machten ihrem Namen alle Ehre. 20 000 Römer wurden massakriert. Varus wählte noch an Ort und Stelle den Freitod. Als Kaiser Augustus von der verheerenden Niederlage erfuhr,

Funde germanischen Ursprungs gibt es hingegen so gut wie keine. Schließlich trugen sie weit weniger Ausrüstung als die Römer bei sich und sammelten natürlich auch ihre eigenen Siebensachen ein. Unstrittig aber ist, dass es sich bei den Ausgrabungen unweit Kalkriese um eine der ganz bedeutenden archäologischen Fundstätten Europas handelt.

Römische Offiziere legten großen Wert auf eine repräsentative Erscheinung, die individuell gestaltet sein konnte. Mannschaften dagegen waren stark standardisiert ausgestattet; im 1. Jahrhundert gehörte eine Panzerung bereits dazu.

FREREN
Merzen
Rieste
Vörden
Lemförde
BRAMSCHE
Neuenkirchen
Voltlage
Schapen
Hopsten
Recke
Spelle
Wallenhorst
Bohmte
Ostercappeln
Bad Essen
Belm
Mettingen
Westerkappeln
HÖRSTEL
OSNABRÜCK
Lotte
IBBENBÜREN
Bissendorf
Has-bergen
TECKLENBURG
GEORGS-MARIEN-HÜTTE
MELLE
Hagen am Teutob. Wald
LENGERICH
EMSDETTEN
Saerbeck
BAD IBURG
Lienen
Ladbergen
Hilter am Teutoburger Wald
DISSEN am Teutoburger Wald
Bad Laer
Bad Rothenfelde
BORGHOLZ-HAUSEN
GREVEN
Naturpark
TERRA.vita
Maßstab 1:230.000

Wohlfühl-Oasen in grünem Land

Eingebettet in die hügelige Landschaft des Teutoburger Waldes präsentieren sich wahre Wohlfühloasen. Frische Luft, heilende Sole und viel Grün ziehen nicht nur Kurgäste an. In Kalkriese beispielsweise kann man der legendären Varusschlacht nachspüren und in Bad Iburg den Rittersaal mit seiner verblüffenden Deckenmalerei studieren.

1 Bramsche

Überregional bekannt wurde die einstige Tuchmacherstadt (31 000 Einw.) als (eventueller) Ort der legendären Varusschlacht.

SEHENSWERT

Als Keimzelle Bramsches gilt **St. Martin** (um 1200) in der Altstadt, urspr. eine karolingische Taufkirche. In **Malgarten,** einem 1194 gegründeten Benediktinerinnenkloster (Am Kloster, Tel. 01577 79 02 922, www.forum-kloster-malgarten.de; heute Kulturzentrum), lohnen vor allem die ehem. Klosterkirche St. Johannes (13. Jh.) und das Torhaus eine Besichtigung.

MUSEEN

Im **Tuchmacher Museum Bramsche** wird die Geschichte Bramsches als Textilstandort lebendig (Mühlenort 6, Tel. 05461 9 45 10, www.tuchmachermuseum.de; Di.–So. 10.00–17.00 Uhr, Führungen So. 11.00 Uhr). Herzstück des Museums ist die Spinnerei von 1900.
Im gleichnamigen Ortsteil befindet sich **Museum und Park Kalkriese** TOPZIEL, das Ausgrabungsfunde präsentiert und die beiden Protagonisten der Varusschlacht zu Wort kommen lässt (Venner Straße 69, Tel. 05468 9 20 40, www.kalkriese-varusschlacht.de; April–Okt. tgl. 10.00–18.00, sonst Di.–So. 10.00–17.00 Uhr).

HOTEL UND RESTAURANT

Das **€ € € € / € € € Hotel Idingshof** bietet moderne Zimmer und eine gute internationale Küche (Bührener Esch 1, 49565 Bramsche, Tel. 05461 88 90, www.hotel-bramsche.de).

INFORMATION

Tourist-Information, Mühlenort 6, 49565 Bramsche, Tel. 05461 94 51 10, www.bramsche.de

2 Bad Essen

1075 wurde der Ort (15 000 Einw.), dessen Marktplatz als der schönste des Osnabrücker Landes gilt, erstmals erwähnt. 2010 war das Sole-Kurbad Veranstalter der Landesgartenschau, für die der SolePark angelegt wurde.

Herbstimpressionen aus Bad Essen, Blick in die Barkhausener Vergangenheit, Gartenfestival auf Schloss Ippenburg

SEHENSWERT

Bad Essen wuchert mit dem Pfund historischer **Ortskern** TOPZIEL samt Kirchplatz mit Fachwerk aus dem 17. Jh. und der **St.-Nikolai-Kirche** (Urspr. 14. Jh.). Wahrzeichen des Badeortes ist die **Wassermühle** (1359); hier kann man sein Mühlendiplom machen (Bergstraße, Tel. 05472 9 49 20; April–Okt.).

HOTELS

Am hübschen Marktplatz liegt das stilvolle **€ € € /€ € Höger's Hotel** (Kirchplatz 25, 49152 Bad Essen, Tel. 05472 9 46 40, www.hoegers.de). Schloss **Hünnefeld** bietet in einem Nebengebäude **€ € €** Bed & Breakfast mit stilvollen Zimmern (Alte Rentei, 49152 Bad Essen, Tel. 05472 44 28, www.schloss-huennefeld.de). Die **€ € Alte Apotheke** (1726), ein historisches Fachwerkhaus, wurde zu einem kleinen, aber feinen Boutique-Hotel mit Café umgebaut (Nikolaistr. 28, Tel. 05472 9 79 85 90, www.alte apotheke-badessen.de).

UMGEBUNG

Das neugotische Wasserschloss **Ippenburg** (www.ippenburg.de) lockt vor allem Gartenfreunde zu den international renommierten Ippenburger Gartenfestivals im Frühjahr und Herbst.
Im Eisenzeithaus in **Venne** können Besucher erfahren, wie die Menschen vor rund 2300 Jahren lebten und arbeiteten (www.eisenzeithaus.de). Rund 150 Mio. Jahre alte Saurierspuren wurden 1921 in einem Steinbruch bei **Barkhausen** entdeckt (immer zugänglich).

INFORMATION

Tourist-Information, Lindenstraße 25, 49152 Bad Essen, Tel. 05472 949 20, www.badessen.info

3 Melle

1169 erstmals erwähnt, zeigt Melle (46 000 Einw.) seine Höhepunkte etwas außerhalb. Die Umgebung durchziehen unzählige Wanderwege.

Fachwerk am Tecklenburger Marktplatz, Oldtimer im Automuseum Melle

SEHENSWERT
Die **Alte Posthalterei** (1644; Haferstraße 17, Tel. 05422/95 92 72; Mi.–Sa. 15.00–18.00, So. 11.15–18.00 Uhr) überstand als eines der wenigen Bürgerhäuser den Brand von 1720 (heute Kulturzentrum). Das Stadtbild prägen **St. Matthäus** (13. Jh.) und **St. Petri** (17. Jh.). Im Ortsteil Gesmold lohnt ein Abstecher zum Renaissanceschloss (siehe „Unsere Favoriten" S. 34/35).

MUSEEN
Das **Automuseum Melle** (Pestelstraße 38, Tel. 05422 4 68 38, www.automuseummelle.de; Di.–Sa. 11.00–18.00, So. 10.00–18.00 Uhr) zeigt in einer ehem. Möbelfabrik Kulturgeschichte auf zwei und vier Rädern. Das **Grönegau-Museum** (Friedrich-Ludwig-Jahn-Straße 12, Tel. 05422 36 87, www.heimatverein-melle.de; Mai–Mitte Okt. Sa., So. 15.30–17.30 Uhr) präsentiert Heimatkundliches.

HOTELS UND RESTAURANTS
Komfortabel und stilvoll lässt es sich im **€ € € Van der Valk Hotel Melle** übernachten (Wellingholzhausener Straße 7, 49324 Melle, Tel. 05422/962 40, www.melle.vandervalk.de).

VERANSTALTUNGEN
Am 3. Sept.-Wochenende steigt alljährlich die **Gesmolder Kirmes.**

UMGEBUNG
Das Naturschauspiel der Bifurkation ist bei **Gesmold** zu sehen: Nach einer Gabelung fließen Hase und Else verschiedenen Flusssystemen (Ems und Weser) zu (www.bifurkation.de).

INFORMATION
Tourist-Information, Markt 22, 49324 Melle, Tel. 05422 96 53 12, www.melle.info

4 Bad Rothenfelde

Bad Rothenfelde (7400 Einw.) ist das meistbesuchte Heilbad im Bäderdreieck. 1724 wurde die Solequelle entdeckt und bis 1969 zur Salzgewinnung genutzt. Seit dem frühen 19. Jh. vertrauen Kurgäste auf die heilende Wirkung.

SEHENSWERT
Inmitten des Kurparks mit Rosengarten steht das imposante **Kurmittelhaus** (1906). Wahrzeichen sind jedoch **Altes** (1778) und **Neues Gradierwerk** (1824; Tel. 05424 22 31 00; Demonstrationsgang April–Okt. Mo.–Sa. 10.00 bis 12.00 und 15.00–17.00, So. 10.00–12.00 und 13.30–17.00, sonst Mo.–So. 13.00–15.30 Uhr).

MUSEUM
Im **Heimatmuseum** (Wellengartenstraße 10, Tel. 05424/50 63; Di. und Do. 16.00–18.00 Uhr) wird u. a. das Gradieren erklärt.

VERANSTALTUNGEN
Wünschenswert wäre ein Wiederaufnahme der pittoresken **Lichtsicht-Biennale** im Winter am Neuen Gradierwerk (s. S. 49; www.lichtsicht-biennale.de). An Fronleichnam findet der **Salzmarkt,** ein Volksfest, statt.

UMGEBUNG
Bad Laer (9100 Einw.) ist das beschaulichste Heilbad der Region. Rund um den Glockensee erstreckt sich der Erlebnis-Kurpark. Sehenswert ist die Kirche St. Marien (13. Jh.) mit frühromanischem Wehrturm (11. Jh.).

INFORMATION
Kur und Touristik Bad Rothenfelde, Am Kurpark 12, 49214 Bad Rothenfelde, Tel. 05424 2 21 80, www.bad-rothenfelde.de. Bad Laer Touristik-Information, Glandorfer Straße 5, 49196 Bad Laer, Tel. 05424 29 11 88, www.bad-laer.de

5 Bad Iburg

Höhepunkt des staatlichen Kurorts (11 500 Einw.) ist das Schloss. Erwähnt wurde der Ort 753, die Iburg entstand im späten 11. Jh. und war sieben Jahrhunderte Sitz der Bischöfe von Osnabrück.

SEHENSWERT
Prunkstück des **Schlosses TOPZIEL**, einer Doppelanlage aus ehem. fürstbischöflicher Residenz und Benediktinerabtei St. Clemens, ist der Rittersaal aus dem 17. Jh.; interessant ist die Deckenmalerei mit perspektivischer Scheinarchitektur (Mai–Okt., Mo.–Do. 14.00 bis 16.00 Uhr; klassische Konzerte: www.schlosskonzert.de). Zur Schlossanlage gehören die barocke **Schlosskirche** (1664) und **St. Clemens** (13. Jh.). **St. Nikolaus** (1226) ist die älteste Hallenkirche der Region.
Im **Schlossmuseum** (April–Okt. Fr.–So. 14.00 bis 17.00) ist die Ausstellung „Befestigung, Bischofsresidenz, Kloster" zu sehen. Das **Uhrenmuseum** (Am Gografenhof 5, Tel. 05403 28 88; tgl. 10.00–17.00 Uhr) präsentiert über 800 Exponate, u.a. die größte Taschenuhr der Welt.

HOTELS UND RESTAURANTS
Das **€ € € Landhotel Buller** gibt es in vierter Generation (Iburger Straße 35, 49170 Hagen, Tel 05401 88 40, www. landhotel-buller. de). Idyllisch am Charlottensee liegt das **€ € € / € € Caférestaurant Schlossmühle** (Charlottenburger Ring 27, Tel. 05403 96 10, www.schlossmuehle-bad-iburg.de).

ERLEBEN
Wunderbare Ausblicke bietet der 600 m lange **Baumwipfelpfad Bad Iburg** mit 30 Lern- und Erlebnisstationen (April–Sept. tgl. 10.00–19.00, sonst 11.00–16.00 Uhr; Philipp-Sigismund-Allee 4, www.baumwipfelpfad-badiburg.de).

UMGEBUNG
Zur Zeit der Kirschblüte lohnt ein Abstecher nach **Hagen,** auch „Kirschenhagen" genannt. **Georgsmarienhütte** (32 000 Einw.) nannte sich einst „Industriestadt im Grünen". 1856 wurde eine Eisenhütte errichtet, vier Jahre später erhielt die Arbeitersiedlung die Namen des Königshauses von Hannover (Georg V. und Ma-

Tipp

Hoch hinaus

Das Ballonteam Bad Iburg bietet von diversen Punkten aus Ballonfahrten über das Osnabrücker Land an. Die Fahrten für max. 5 Pers. dauern in der Regel 60 bis 90 Minuten und kosten bei voller Besetzung 130 € pro Pers. „Es ist eine phantastische Erfahrung, mal über den Dingen zu stehen", sagt Ballonteam-Pilot Alexander Vogt.

Ballonteam Bad Iburg,
Auf der Waldheide 31,
49186 Bad Iburg, Tel. 05403/17 87,
www.ballonteam-badiburg.de

Im Bäderdreieck des Osnabrücker Landes vertrauen Kurgäste seit dem 19. Jahrhundert auf die heilende Wirkung der Solequellen.

rie). Sehenswert ist die Fabrikantenvilla Stahmer (Carl-Stahmer-Weg 13, Tel. 05401 4 07 55; Di., Do. 9.00–12.00, 15.00–18.00, So. 10.00 bis 13.00, 15.00–18.00 Uhr). Im 12. Jh. gegründet, gilt Kloster Oesede (1803 säkularisiert) als das bedeutendste Baudenkmal des Ortes. Die **Waldbühne Kloster Oesede** zeigt (Kinder-) Theaterstücke und Musicals (Zur Waldbühne 13, Tel. 05401 85 02 55, www.waldbuehne.com).

INFORMATION
Tourist-Information, Am Gografenhof 4, 49186 Bad Iburg, Tel. 05403 40466, www.badiburg.de

6 Tecklenburg

Wegen seiner vielen Fachwerkhäuser wird der Kneipp-Kurort (9600 Einw.) auch als „westfälisches Rothenburg" bezeichnet. Um 1250 entstand die Burg.

SEHENSWERT
Neben dem **Ortskern** eigt die **Freilichtbühne** (Schlossstraße 7, Tel. 05482 220, www.freilicht spiele-tecklenburg.de) vor den Resten der Burg ein buntes Programm.

MUSEUM
Das **Puppenmuseum** (Wellenberg 1, Tel. 05482 92 63 13; April–Okt. Di., Do., Sa. und So. 14.00–17.00, sonst Sa. und So. 14.00–17.00 Uhr) präsentiert eine der wertvollsten Sammlungen an Puppen und Spielzeug in NRW.
Im **Otto Modersohn Museum** (Markt 9, Tel. 05482 9 26 21 60, www.ommt.de; April–Okt. Di. bis So. 11.00–18.00, sonst Fr. 14.30–18.00 und Sa./So. 11.00–18.00 Uhr) sind zahlreiche Werke des Landschaftsmalers und Mitbegründers der Künstlerkolonie Worpswede zu sehen.

AKTIVITÄT
Ob in der „Holzklasse" oder der „Polsterklasse" – eine Fahrt im nostalgischen **Teuto-Express** ist ein Erlebnis (Eisenbahn-Tradition e. V., Postfach 1233, 49512 Lengerich, Tel. 0173 6 20 54 44, www.eisenbahn-tradition.de).

HOTEL UND RESTAURANT
Das **€ € € / € € Hotel Drei Kronen** (Landrat-Schultz-Straße 15, 49545 Tecklenburg, Tel. 05482 2 25, www.hoteldreikronen.de) bietet seit 400 Jahren Zimmer und großartige Aussicht.

UMGEBUNG
Ibbenbühren war bis 2018 die nördlichste Steinkohleförderstätte Deutschlands. Details zum Abbau bietet das Bergbaumuseum (Osnabrücker Straße 112, Tor 2, Tel. 05451 7 81 10; Mai–Sept. 2. und 4. Sa. im Monat 14.00–16.30 Uhr). Zweirad-Nostalgiker zieht es ins **Motorrad-Museum** (Markweg 26, Tel. 05451 64 54; www.motorradmuseum-ibbenbuehren.de).

INFORMATION
Tecklenburg Touristik, Am Markt 7, 49545 Tecklenburg, Tel. 05482 9 38 90, www.tecklenburg-touristik.de

Genießen Erleben Erfahren

DuMont Aktiv

Es klappert die Mühle ...

Der Mühlenweg rund um Wallenhorst ist einer der attraktivsten Wanderwege im Osnabrücker Land und aufgrund der geringen Höhenunterschiede für fast jedermann geeignet. Entlang des Weges, der überwiegend auf Natur belassenen Pfaden verläuft, haben Wanderer die Möglichkeit, elf historische Mühlen zu besichtigen. Und immer wieder öffnen sich herrliche Panoramablicke über die sanften Hügel des Wiehengebirges.

Rund 97 Kilometer Länge misst der mit einem weißen „M" ausgeschilderte Wanderweg im Natur- und Geopark TERRA. vita, loswandern können Sie an fast jeder beliebigen Stelle. Tageswanderungen sind entlang der ganzen Strecke möglich: Eine der Routen führt vom Wallenhorster Ortskern über 11,5 km ins Nettetal, vorbei an der sehenswerten Alten St.-Alexander-Kirche, die einst auch Station für Pilger auf dem Jakobsweg war. Weiter geht es über die Windmühle Lechtingen zum ehemaligen Zisterzienserkloster in Rulle, wo im November 1347 ein sogenanntes Blutwunder geschehen sein soll. Endstation ist die idyllische Wassermühle Nettetal. Wer noch über Energiereserven verfügt, kann hier eine Partie Minigolf spielen. Andernfalls kann man mit Kaffee und Kuchen im Gastshaus Knollmeyer die Akkus wieder auftanken.

Weitere Informationen

Infos und GPS-Tracks unter www.muehlen weg-am-wiehengebirge.de; zudem sind über die Homepage Pauschalangebote inklusive Übernachtungen zu buchen. Eine detaillierte Karte des Mühlenwegs (4,80 €) kann man unter folgenden Adressen bestellen: Rathaus der Gemeinde Wallenhorst, Rathausallee 1, 49134 Wallenhorst, Tel. 05407 88 80 oder beim Tourismusverband Osnabrücker Land, Herrenteichsstraße 17/18, 49074 Osnabrück, Tel. 0541 3 23 45 70.

Ob alleine oder in einer größeren Gruppe – der Wallenhorster Mühlenweg verspricht pures Wandervergnügen in herrlicher Natur.

Höhepunkte in plattem Land

Die Grafschaft Bentheim im südwestlichsten Zipfel Niedersachsens überrascht. Wer hätte gedacht, dass Nordhorn einst die Modewelt in Paris und Mailand mitbestimmte. Auch Höhenburgen hätte man hier an der Grenze zu den Niederlanden nicht unbedingt erwartet. Und weil die Bentheimer selbst so gern Rad fahren, haben sie für ihre Gäste ein Radwegenetz ausgebaut, das seinesgleichen sucht.

Drei Monate dauerte die Errichtung des Bronzezeithofs, der an ein altes Siedlungsgebiet am Uelsener Spöllberg erinnert.

Am Uelsener Bronzezeithof wird das Leben vor etwa 3000 Jahren nachempfunden.

Die Kanonen am Bentheimer Pulverturm erinnern an weniger friedliche Zeiten.

Die Bentheimer Kronenburg mit ihrer mittelalterlich wirkenden Fassade entstand bis kurz vor Ausbruch des Ersten Weltkriegs als repräsentativer Wohnflügel für die Fürsten zu Bentheim und Steinfurt.

Der „Herrgott von Bentheim" ist ein rund 1000 Jahre altes Gerichts- oder Wegekreuz.

Der romanisch anmutende Rittersaal in der Kronenburg war als Bankettsaal geplant.

Schon Lothar von Süpplinburg berichtet anno 1116 anlässlich einer Fehde von der „vorzüglich und festen Burg" Bentheim.

Die Landschaft der Grafschaft Bentheim kommt so daher, wie es sich für eine Region an der Grenze zu den Niederlanden gehört: platt wie ein Pfannkuchen, mit sattgrünen Weiden, auf denen es sich schwarzbuntes Rindvieh gut gehen lässt, mit schaurig-schönen Mooren, Wäldern und Heidelandschaften, durchzogen von zahlreichen Wasserläufen – wäre da nicht Bad Bentheim mit seiner eindrucksvollen Burg auf fast 100 Meter hohem Fels. Eine Laune des Teutoburger Waldes, der mit dem Bentheimer Höhenrücken hier seinen westlichsten Ausläufer hat. Man könnte fast an eine Fata Morgana glauben, nähert man sich dieser Bilderbuchburg.

Trutzig ragt der Pulverturm mit seinen mehr als fünf Meter dicken Wänden in den Himmel. Filigran dagegen erscheint die Kronenburg, die Ende des 19. Jahrhunderts im neugotischen Stil nach der Zerstörung wieder errichtet wurde und einige historisch gestaltete Räume beherbergt. In den Gewölben des Batterieturms wandelt der Besucher durch die Geschütz- und Folterkeller. Errichtet wurde die Burg Bentheim fast vollständig aus Bentheimer Sandstein – über Jahrhunderte der Exportschlager der Region. Vor allem die nahen Niederlande schätzten den erstklassigen Baustoff, das Königliche Palais in Amsterdam beispielsweise ist aus dem „Bentheimer Gold" gefertigt.

Doch die Bad Bentheimer haben nicht nur eine beeindruckende Burg, sondern sogar einen eigenen Gott. Zwischenzeitlich war er ihnen allerdings mal abhanden gekommen. Was nicht heißen soll, dass die Grafschafter dem Glauben abgeschworen hätten. Bei dem „Herrgott von Bentheim" handelt es sich um ein frühromanisches Steinkruzifix und um eine der frühesten Darstellungen des gekreuzigten Jesus Christus in ganz Mitteleuropa. Erst 1828 wurde das lange Zeit verschollene Kunstdenkmal unweit der Burg auf einem Acker wiedergefunden. Es hat heute einen Ehrenplatz am Fuß des Pulverturms auf der Burg.

Herrliche Lagen

Die Nähe zu den Niederlanden ist allgegenwärtig. Nicht allein weil Fahrräder hier als „Fietse" durch die Gegend rollen oder Pommes frites gern nach niederländischer Machart mit „Saus special" (Ketchup, Mayonnaise und Zwiebeln) oder gar Erdnuss-Sauce angeboten werden. Schon während der jahrzehntelangen Befreiungskriege gegen die Spanier hatten sich die Bentheimer auf die Seite der Nachbarn geschlagen, bis auch diese durch den Westfälischen Frieden Unab-

Die Vechte bei Nordhorn: Die Grafschaft Bentheim ist ein Fahrradparadies, auf gut ausgebauten Wegen geht es meist topfeben dahin.

Auch die Bentheimer Schweine im Tierpark Nordhorn sind von der Kennzeichnungspflicht in der Europäischen Union nicht ausgenommen.

Die Itterbecker Heide westlich von Uelsen ist eines der größten Sandheidegebiete Niedersachsens. In Gildehaus westlich von Bentheim steht das Geologische Freilichtmuseum immer offen.

hängigkeit für ihre Republik erlangten. Und beim traditionellen Grafschafter Platt – das die Nationalsozialisten den Menschen hier auszutreiben versuchten – versteht man schon in Osnabrück „nur Bahnhof". Mit den Nachbarn der niederländischen Region Twente sowie in der Provinze Drenthe hingegen haben die Bentheimer keinerlei Verständigungsschwierigkeiten.

Dass in der Grafschaft so viele Tag für Tag mit dem „Fiets" unterwegs sind wie in keinem Landkreis sonst in Deutschland, mag ebenfalls an den fahrradverbundenen Nachbarn liegen. Dass immer mehr Touristen die Region mit dem Rad erkunden, hat dagegen mit außerordentlichem Engagement der hiesigen Tourismus-Verbände und herrlichen Routen in überwiegend flachem Terrain zu tun. Schon zweimal in den vergangenen Jahren ist die Grafschaft Bentheim zum fahrradfreundlichsten Landkreis Niedersachsens gekürt worden. Rund 1200 Kilometer ausgeschilderter Radrouten wollen abgestrampelt werden. Wem die Puste ausgeht, der kann auf den sogenannten „Fietsenbus" zählen, der müde Radler einsammelt oder sie zum Ausgangspunkt bringt. Zum Beispiel nach Uelsen mit historischen Wind- und Wassermühlen und dem Bronzezeithof, der die Besucher zu einer Zeitreise einlädt. Herrlich gelegen und auch so genannt wird die Herrlichkeit Lage. Das allerdings aus einem ganz anderen Grund. Der kleine Ort hatte fast 200 Jahre lang einen Sonderstatus, besaß gar eigene Gerichtsbarkeit – weil man den Ort seinerzeit beim Westfälischen Frieden schlichtweg vergessen hatte.

Wieder en vogue

Vergessen und so gut wie ausgestorben war auch das Bunte Bentheimer Schwein, bis sich engagierte Züchter in den 1990er-Jahren um die Erhaltung der Rasse kümmerten. Als anspruchslos, friedlich und stressresistent werden die Tiere beschrieben. Das nützt ihnen allerdings auch nicht viel, wenn

Unverkennbar: Die Niederlande sind überall nah in der Grafschaft Bentheim – nur einen Katzensprung ist es von Neuenhaus beispielsweise nach Ootmarsum.

Vor Schüttorfs Rathaus zerrt die „Ziegenfrau" ihre Tiere über einen Brunnen.

Als Fußgängerzone durchschneidet Nordhorns Hauptstraße die von der Vechte umschlossene Altstadt.

Niedersachsens Holland wird das Nordhorner Umland gern genannt – niederländisches Flair ist hier überall zu spüren.

sie am Ende doch in die Wurst kommen. Denn die Zucht der Borstenviecher macht natürlich nur Sinn, wenn sich das äußerst schmackhafte Fleisch auch vermarkten lässt. Gleichwohl werden die Schweine in der Grafschaft gehegt und gepflegt und sind quicklebendig im Tierpark Nordhorn zu bewundern.

Die Bentheimer Schweine konnten sozusagen wiederbelebt werden, was man von der Textilindustrie in Nordhorn leider nicht behaupten kann. Die Geschichte – und damit auch die Mode von einst – ist nunmehr museal. Diana Rigg alias Emma Peel in Lebensgröße begrüßt die Besucher der Ausstellung „Menschen, Mode und Maschinen". Beherbergt wird sie vom Nino-Hochbau, der ehemaligen Spinnerei des Textilunternehmens, heute tipptopp renoviert als Kompetenzzentrum Wirtschaft.

Es ist eine informative, eine bunte und vergnügliche Reise in die Vergangenheit, weit mehr als nur eine Ausstellung zur Textilindustrie Nordhorns. Vor allem für die Älteren hält das Museum ein Déjà-vu nach dem anderen parat. Haben sie doch einst bei ihrem ersten Rendezvous genau das Kostüm getragen, das in der Ausstellung eine blonde Schönheit präsentiert. Oder sich beim Vorstellungsgespräch in genau den Anzug gezwängt, den das Stadtmuseum unter seinen Exponaten präsentiert. Auch in der Sammlung der Musterbücher findet wohl fast jeder ein Stoffmuster, das entweder Tante Else als Gardine im Wohnzimmer hängen hatte oder als Schürze die Mutter oder Großmutter zierte. Und was machen die Youngster, die zuerst vielleicht ein bisschen genörgelt haben, weil Museen doch meistens so langweilig sind? Sie sind genau so begeistert, wundern sich, was für schräge und bunte Klamotten ihre Eltern einst getragen haben. Und sie wundern sich noch viel mehr darüber, dass – Stichwort Retro – Mäntel, Hosen und Blusen in den Regalen von H & M und Co. heutzutage gar nicht viel anders ausschauen als die Mode in den 1960er- und 1970er-Jahren.

Clou der Ausstellung ist der Dressing-Room, in dem sich die Besucher in Original-Kleidung aus Stoffen der großen Drei aus Nordhorn – Nino, Powel und Rawe – in Schale werfen können. Museumsleiter Werner Straukamp jedenfalls hat sich schon öfter mal den Spaß gemacht und ist im Nino-Mantel aus den 1970er-Jahren in den Feierabend gegangen. Zu seinem großen Vergnügen hat es keiner gemerkt, dass er ein fast 50 Jahre altes Kleidungsstück spazieren trug. Mit den Stoffen aus Nordhorner Produktion wäre man also noch heute – besser gesagt: heute wieder – „en vogue".

TEXTILINDUSTRIE

Der Stoff, mit dem die Träume starben

Nordhorn war Deutschlands bedeutendes Zentrum im „Baumwollgürtel". Ganz Niedersachsen hätte man mit der alljährlich hier produzierten Stoffmenge einkleiden können. Mit der Globalisierung starb der Wirtschaftszweig. Die Stadt hat zweifelsohne gelitten, präsentiert sich heute aber wieder als gesunder Wirtschaftsstandort.

Im Nino-Hochbau sind Fotografien, Film- und Fernsehreportagen zu betrachten.

Willem Stroink hatte eine Nase für Chancen. 1839 ratterten im Pferdestall einer Nordhorner Gaststätte seine ersten mechanischen Webstühle. Das Geschäft lief gut, Stroink fand Nachahmer. Die Firma Anton Povel gründete sich 1872, Bernhard Rawe 1888 und schließlich Niehues & Dütting 1897, später unter dem Namen Nino bekannt. Und deren Geschäfte liefen noch besser. Robuste Stoffe für die eher rustikale „Waterschürze" begründeten den Aufstieg. Doch schon vor dem Zweiten Weltkrieg spuckten die Webstühle auch edle Mantel- und Jackenstoffe aus.

Von Kriegsschäden blieb Nordhorn weitgehend verschont. Dank des Marshall-Plans fand modernste Technologie bald den Weg in die deutsche Provinz Nordhorn. Und die Zeit war reif, in Zeiten des Wirtschaftswunders wollte und konnte man sich wieder etwas leisten.

Rund 12 000 Menschen arbeiteten in den Spitzenzeiten der 1960er-Jahre in der Nordhorner Textilindustrie, Arbeitslosigkeit war in der Region ein Fremdwort. Vor allem Nino expandierte und stieg zum erfolgreichsten Textilproduzenten Europas auf. Es erschien keine Vogue, keine Burda, keine Brigitte, in der Nino nicht präsent war. Nino hatte als erster und einziger Stoffproduzent ein eigenes Logo entwickelt, dass in jedem Kleidungsstück neben dem des Modehauses eingenäht wurde. Ein genialer Schachzug, so wie die Entwicklung von Nino-Flex – wenn man so will dem Vorgänger von Sympatex –, Basis für edle Trenchcoats. Karl Lagerfeld hat für Nino & Co. Muster entworfen, der Starfotograf Helmut Newton lichtete die schönsten Frauen der Welt in Nordhorner Stoffen ab. Die Textilkaufleute aus der niedersächsischen Provinz fuhren nach Paris und New York, saßen neben Weltstars wie Catherine Deneuve am Laufsteg und tranken Schampus.

Ende des Höhenflugs

In den 1970er-Jahren begann der Absturz. Als hätte jemand eine Schere genommen und den Baumwollfaden abgeschnitten, an dem Nordhorn hing. Zunächst die Ölkrise, später die Globalisierung und die Billiglohnländer setzten der Branche zu. 1978 war Povel insolvent, Nino folgte 1994, bei Rawe standen 2001 die Maschinen endgültig still.

Nordhorn, nun nicht mehr wirtschaftlicher Motor der Region, war plötzlich ein Sorgenkind, das einige Jahre gebraucht hat, um sich zu erholen. Eine „Boomtown" wie in den 1960er-Jahren wird Nordhorn nie wieder werden, hat aber das Bestmögliche aus dem Niedergang gemacht. Riesige Flächen lagen brach, vieles wurde abgerissen, einiges saniert oder in Wohnblöcke umgewandelt. Die „Wasserstadt Povel" besitzt Modellcharakter und fand international Beachtung. Im Nino-Hochbau wurde 2011 das Kompetenzzentrum Wirtschaft eröffnet. Im ersten Stock präsentiert das Stadtmuseum die Ausstellung „Menschen, Mode, Maschinen". Eine reizvolle Zeitreise, die deutlich macht: Die Nordhorner Textilindustrie mag mausetot sein – die Modetrends, die sie mit entwickelt hat, sterben nie aus.

In der Blütezeit von Nino waren die Produkte aus Nordhorn in den Hochglanzmagazinen der Modewelt dauerpräsent.

Fakten

Ausstellung „Zeitreise Nordhorn: Grenzstadt – Textilstadt – Wasserstadt" im **Stadtmuseum im Spinnereiturm Dovel,** Kokenmühlenstraße, Tel. 05921 72 15 00, www.stadtmuseum-nordhorn.de; Sa. und So. 14.00–18.00 Uhr

Ausstellung „Menschen, Mode und Maschinen. Industrie- und Modefotografien der Textilfirmen Nino, Povel und Rawe" im **Nino-Hochbau,** Nino-Allee 11, Tel. 05921 72 15 00, www.stadtmuseum-nordhorn.de; Di.–Sa. 14.00–18.00 und So. 11.00–18.00 Uhr

Ausstellung „Museumsfabrik" im **Kulturzentrum Alte Weberei,** Vechteaue 2, Tel. 05921 99 08 01, www.alteweberei.de; Sa. 14.00–18.00 Uhr u. n. Vereinb.

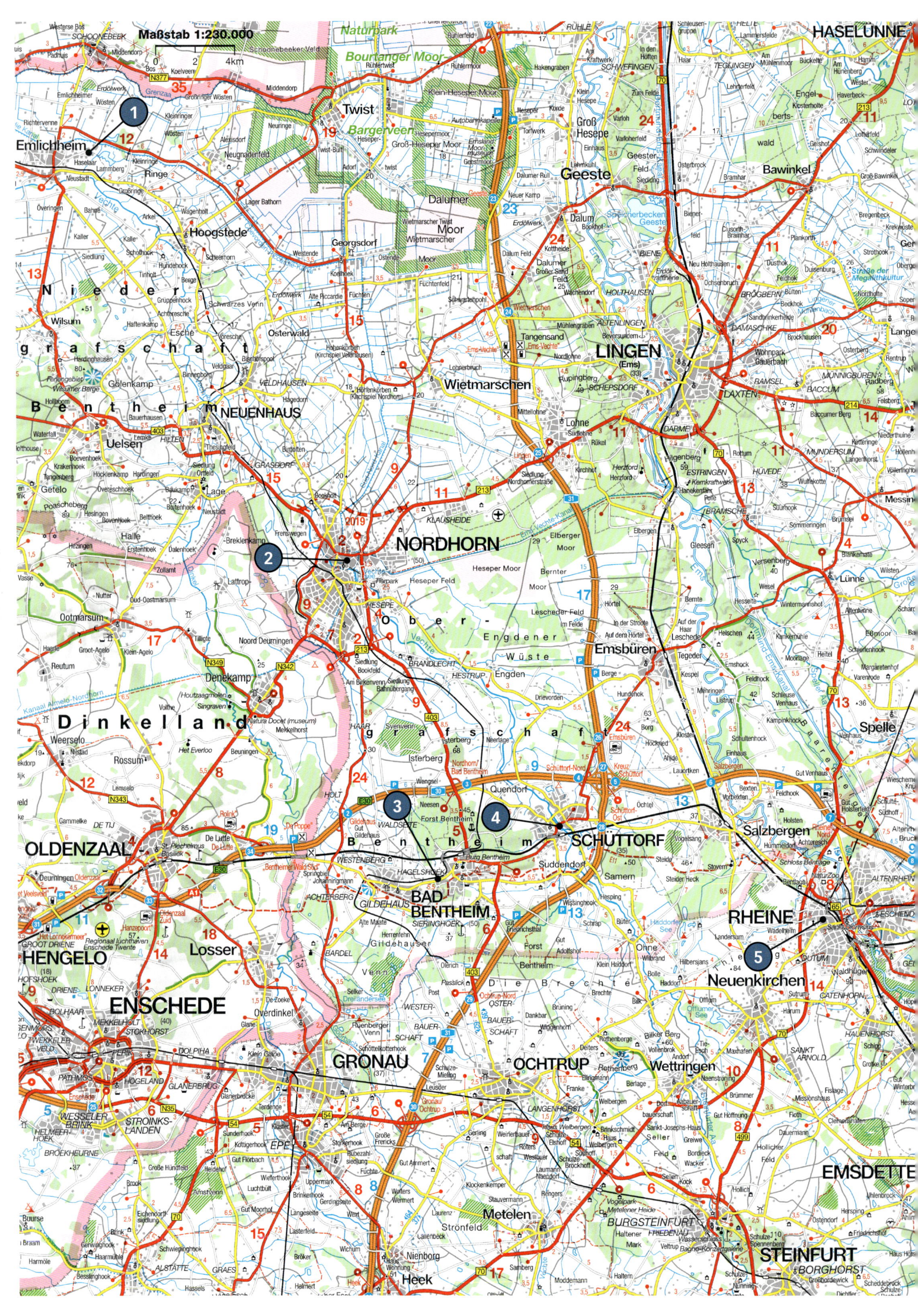

Maßstab 1:230.000
0
2
4km
HASELÜNNE
Naturpark
Bourtanger Moor
Twist
Bargerveen
Emlichheim
Geeste
Groß Hesepe
Dalum
Dalumer Moor
Wietmarscher Moor
Hoogstede
Georgsdorf
Bawinkel
Nieder
grafschaft
Bentheim
LINGEN (Ems)
Osterwald
Wietmarschen
NEUENHAUS
Uelsen
NORDHORN
Ober-
Engdener
Wüste
Emsbüren
Denekamp
Dinkelland
Ootmarsum
Spelle
OLDENZAAL
SCHÜTTORF
Salzbergen
BAD BENTHEIM
RHEINE
Neuenkirchen
HENGELO
Losser
ENSCHEDE
GRONAU
OCHTRUP
Wettringen
Metelen
Heek
EMSDETTEN
STEINFURT
1
2
3
4
5

Alte Steine und edle Stoffe

Im Wortsinn das alles überragende Bauwerk der Grafschaft Bentheim ist die Burg Bentheim im gleichnamigen Kurort. Während die Höhenburg noch immer in aller Pracht auf einem Sandsteinfelsen thront, erlebte Nordhorn ab den 1970er-Jahren den Niedergang seiner Textilindustrie.

1 Emlichheim

Erwähnt wurde der an der deutsch-niederländischen Grenze liegende Ort (7000 Einw.) 1312 unter dem Namen Emminchem. 2008 erhielt Emlichheim eine Auszeichnung als fahrradfreundlichste Kommune Niedersachsens.

SEHENSWERT

Mit dem Bau der **Ev.-ref. Kirche** (Kirchstraße) wurde bereits Mitte des 12. Jhs. begonnen. Vorbildlich restauriert ist das rund 150 Jahre alte **Haus Ringerbrüggen** (Rathausstraße 6, Tel. 05943 9 99 29 15; letztes Wochenende im Monat 15.00–17.30 Uhr), heute u. a. **Heimatmuseum**.

AKTIVITÄTEN

Der **Badesee Wilsumer Berge** bietet zahlreiche Freizeiteinrichtungen und einen Campingplatz (www.wilsumerberge.de).

HOTELS UND RESTAURANTS

Hervorragend speisen und übernachten kann man östl. von Emlichheim im historischen Ambiente des **€ € Alten Landhauses Buddenberg** (Emlichheimer Straße 6, 49824 Ringe, Tel. 05943 9 83 90, www.landhaus-buddenberg.de).

UMGEBUNG

Der Bronzezeithof in **Uelsen** (südl.; Am Feriengebiet 7, Tel. 05942 14 11, www.bronze zeithof.de; April–Okt. So. 13.00–17.00, Juli/Aug. auch Di., Do. 14.00–17.00 Uhr) informiert über das Leben in „grauer Vorzeit". Der Galerieholländer in **Laar** (westl.; 1807) wurde umfassend renoviert (Zur Mühle 10, Tel. 05947 3 41).

INFORMATION

VVV – Verein Vier an der Vechte, Rathausstraße 2, 49824 Emlichheim, Tel. 05943 9 99 29 15, www.vvv-emlichheim.de; Uelsen Touristik, Am Markt 7, 49843 Uelsen, Tel. 05942 14 11, www.uelsen.de

2 Nordhorn

Die „Wasserstadt" (53 000 Einw.), so genannt wegen ihrer vielen Kanäle und Vechtearme, ist Kreisstadt und größter Ort der Grafschaft Bentheim. 1379 erhielt Nordhorn Stadtrecht, war lange Umschlagplatz für Bentheimer Sandstein, bevor 1839 mechanische Webereien mit der Produktion begannen. Mehr als ein Jahrhundert prägte die Textilindustrie die Stadt, ehe die Globalisierung zur Schließung der drei Unternehmen Povel, Rawe und Nino führte.

Radfahrer im Moor von Nordhorn, Povelturm und Stadtmuseum in Nordhorn

SEHENSWERT

Die spätgotische **Alte Kirche** (15. Jh.) am Markt gilt als eines der Wahrzeichen Nordhorns. Die mächtige kath. **St.-Augustinus-Kirche** vom Beginn des 20. Jhs. (Burgstraße 12; tgl. ab 8.00 Uhr) mit Glockenturm im Stil eines italienischen Campanile birgt im Inneren Sehenswertes wie den Taufstein und das Frensweger Kreuz. Ruhe findet man im ehem. **Park** der Industriellenfamilie Rawe, seit den 1950er-Jahren Stadtpark (Mühlendamm/ Ölmühlensteg). Der **Schwarze Garten**, eine Gedenkstätte an die Opfer zweier Weltkriege sowie rassisch und politisch Verfolgter, war lange umstritten (Van-Delden-Straße/ Ecke Völlinkhoff, Tel. 05921 87 80).

MUSEEN

Das **Stadtmuseum TOPZIEL** widmet sich an drei Standorten textiler Vergangenheit. Im 1906 erbauten **Povelturm** (Kokenmühlenstraße) wird die Ausstellung „Zeitreise Nordhorn: Grenzstadt – Textilstadt – Wasserstadt" präsentiert. In der ersten Etage des Nino-Hochbaus (Nino-Allee 11) wird die **Ausstellung zur Nordhorner Textilgeschichte** „Menschen, Mode und Maschinen. Industrie- und Modefotografien der Textilfirmen Nino, Povel und Rawe" gezeigt (www.stadtmuseum-nordhorn.de). Das **Kulturzentrum Alte Weberei** (Vechteaue 2, Tel. 05921 99 08 01, www.alteweberei.de; Sa. und So. 14.00–18.00 Uhr) gibt Einblicke in die Produktion einer Textilfabrik.
Im **Schifffahrts-Museum Nordhorn** (Lingener Straße 132, Tel. 05921 30 71 41, www.schifffahrtsmuseum-nordhorn.de; Di.–Do. 9.00 bis 12.00 Uhr) sind neben zahlreichen Schiffsmodellen u. a. nautische Geräte und Galionsfiguren ausgestellt.
Der **Tierpark Nordhorn** (Heseper Weg 140, Tel. 05921 71 20 00, www.tierpark-nordhorn.de; Sommer tgl. 9.00–19.00 Uhr, Nov., Feb. bis

18.00, Dez., Jan. bis 17.00 Uhr), die große Attraktion der Stadt, beherbergt mehr als 1000 Tiere aus knapp 100 Arten.

HOTEL UND RESTAURANT
Die angesagteste Location in Nordhorn ist wohl das **Pier99** (Heseper Weg 40, Tel. 05921 81 98 199, www.pier99.de) am Vechtesee. Empfehlenswert ist auch das angeschlossene **€ € € / € € Hotel Riverside** (Heseper Weg 40, 48529 Nordhorn, Tel. 05921 81 98 10, www.riverside-nordhorn.de).

UMGEBUNG
Im ehem. **Kloster Frenswegen** (nordw.; Klosterstraße 9, Tel. 05921 8 23 30, www.kloster-frenswegen.de) ist eine ökumenische Begegnungsstätte beheimatet, die ehemaligen Zellen der Mönche sind in einfache, aber behagliche Zimmer umgewandelt worden. Die beispielhaft renovierte Klosteranlage wurde bereits Ende des 14. Jhs. als St. Marienwolde gegründet. Die Burgruine **Herrlichkeit Lage** bei Neuenhaus (nordw.; Eichenallee 4, www.herrlichkeit-lage.de) ist lediglich am Tag des offenen Denkmals zu besichtigen. Ein Besuch des idyllischen Örtchens mit seiner malerischen Wassermühle an der Dinkel lohnt jedoch zu jeder Jahreszeit.

INFORMATION
VVV-Stadt- und Citymarketing, Firnhaberstraße 17, 48529 Nordhorn, Tel. 05921/803 90, www.vvv-nordhorn.de

3 Bad Bentheim

Die Burg ist das Wahrzeichen des Thermalsole- und Schwefelheilbads Bad Bentheim (15 000 Einw.). Erstmals erwähnt wurde der Ort Mitte des 11. Jhs. Die heilenden Schwefelquellen entdeckte man zu Beginn des 18. Jhs.

SEHENSWERT
Hauptattraktion ist die auf einem Sandsteinfelsen gelegene **Burg TOPZIEL** und das

Abenteuer-Zoo

Im März 2016 wurde der Wildlands Adventure Zoo Emmen eröffnet. Der neue Zoo, der den Dierenpark Emmen ablöste, ist in drei Themenbereiche aufgeteilt: „Serenga", „Nortica" und „Jungola", bei der die Besucher durch den Dschungel, die Savanne und das Polargebiet reisen. Hinzu kommt das Spiel- und Mitmach-Paradies „Animazia".

Wildlands Adventure Zoo Emmen, Raadhuisplein 99, 7811 AP Emmen, Tel. +31 591 85 08 55, www.wildlands.nl, tgl. 10.00–17.00, Juli und Aug. bis 18.00 Uhr

Salinenfest auf der Saline Gottesgabe, Aufführung auf der Freilichtbühne Bad Bentheim, Marktplatz in Rheine

Schlossmuseum (Schlossstraße 25, Tel. 05922 50 11, www.burg-bentheim.de, März–Okt. tgl. 10.00–18.00, Nov.–Feb. Di., Mi., Fr. – So. nur bis 17.00 Uhr). Im 11. Jh. begonnen, gilt der Bau als schönste Höhenburg Nordwestdeutschlands. Sehenswert sind der Pulverturm (überw. 16. Jh.) und die Kronenburg (1883–1914), ein gotisierendes Palais mit Rittersaal, Bibliothek und Schlafgemächern. Zu besuchen sind darüber hinaus eine Alchemieausstellung und ein Kutschenmuseum. Schönstes Bürgerhaus in der malerischen Altstadt ist das **Haus Westerhoff** (1656, Heeresstraße 8).
Im Ortsteil Gildehaus steht die sehenswerte **Ostmühle** (siehe „Unsere Favoriten", S. 80/81).

MUSEEN
Der expressiv-realistische Maler, Grafiker und Bildhauer **Otto Pankok** (1893–1966) hatte während der Nazijahre hier Zuflucht gesucht; ihm wurde ein Museum gewidmet (Gildehaus, Neuer Weg 17, Tel. 05924 99 04 95, www.pankok-museum.de). Das **Sandsteinmuseum** (Funkenstiege 5, Schlosspark, Tel. 05922 9 83 30, www.sandsteinmuseumbadbentheim.de; März bis Okt. Di.–So. 14.00–18.00, sonst 14.00 bis 17.00 Uhr) informiert über Abbau, Bearbeitung und Verwendung des Sandsteins.

HOTEL UND RESTAURANTS
Herrlich in einer Parkanlage liegt das Landhotel **€ € Waldseiter Hof** (An der Waldseite 7, Gildehaus, 48455 Bad Bentheim, Tel. 05924 7 85 50, www.waldseiterhof.de).
Im **€ € € Gasthof Dreihus** im nahen Örtchen Ohne (südöstl.) werden regionale und internationale Spezialitäten aufgetischt (Dorf 21, Tel. 05923 53 60, www.dreihus.de).

VERANSTALTUNGEN
Die **Freilichtbühne Bad Bentheim** (An der Freilichtbühne 7, Tel. 05922 99 46 56, www.freilichtspiele-badbentheim.de) führt seit 1925 Klassiker für Kinder und Erwachsene auf. Stimmungsvoll wird es beim **Lampionfest** im Kurpark (Aug.) mit Feuerwerk als krönendem Abschluss.

UMGEBUNG
Für Musikfans führt am Besuch des 2018 renovierten **Rock'n' Pop-Museum** in **Gronau** kein Weg vorbei (Udo-Lindenberg-Platz 1, Tel. 02562 8 14 80, www.rock-popmuseum.de; Di.–So. 10.00–18.00 Uhr, jeden ersten Freitag im Monat bis 22.00 Uhr geöffnet).

INFORMATION
Tourist-Information, Schlossstraße 18, 48455 Bad Bentheim, Tel. 05922 9 83 30, www.badbentheim.de

4 Schüttorf

Die älteste Stadt (11 500 Einw.) der Grafschaft wurde 1154 erstmals erwähnt und erhielt bereits 1295 Stadtrecht. Lange Zeit war auch dieser Ort an der Vechte ein wichtiger Standort der Textilindustrie.

SEHENSWERT
Prunkstück am Marktplatz ist das spätgotische **Rathaus** (15. Jh.) aus Bentheimer Sandstein mit seinem markanten Staffelgiebel. Ein Blickfang ist die **Fürstliche Mühle** (14. Jh.) am Ufer der Neuen Vechte. Eines der schönsten Gebäude der Stadt ist die an die Textilblüte er-

Weithin sichtbar thront auf einem Sandsteinfelsen Bad Bentheims Burg – sie gilt als schönste Höhenburg Norddeutschlands.

innernde Jugendstilvilla **Schlikker** (1903, Steinstraße 29).

AUSGEHEN
Heiße Nächte sind in Schüttorf eiskalt. In der **Diskothek INDEX** (Industriestraße 10, Tel. 05923 42 40, www.i-n-d-e-x.de) befindet sich die größte Ice-Bar der Welt – inklusive einer Bobbahn!

INFORMATION
Samtgemeinde Schüttorf, Markt 2, 48465 Schüttorf, Tel. 05923 965 90, www.schuettorf.de

 Rheine

Rheine (76 000 Einw.) liegt zwar in Nachbarschaft zu Bad Bentheim an der Ems, gehört aber bereits zum westfälischen Münsterland. Um 800 als fränkischer Königshof gegründet, erhielt Rheine 1327 Stadtrecht. Im 19. Jh. sorgte die Textilindustrie für neue Blüte. Seit jeher als Emsübergang wichtig, stärkte die Eröffnung des Dortmund-Ems-Kanals 1899 die Bedeutung des Ortes als logistisches Zentrum.

SEHENSWERT
Den **Marktplatz** zieren einige gut erhaltene Bürgerhäuser wie das Beilmannsche Haus und das Haus Beckers. Die spätgotische Pfarrkirche **St. Dionysisius** geht auf die erste Kirche Rheines zurück; der heutige Bau wurde bis etwa 1520 errichtet. Die neuromanische Kirche **St. Antonius** (1899–1905) besitzt mit 102,5 m den höchsten Kirchturm Westfalens.
Im Ortsteil Bentlage befindet sich nicht nur das 1437 gegründete, nach 1803 als Adelssitz genutzte und umgebaute **Kloster Bentlage** (heute Museum), sondern auch die ehem. **Saline Gottesgabe** (www-saline-gottesgabe.de, Salinenstraße 105, Tel. 05971 80 74 51). Vom 11. Jh. bis 1952 war die Salzgewinnung in Betrieb; Mitte des 18. Jhs. errichtete man das Gradierwerk.

MUSEEN
Der **Falkenhof** am Standort des einstigen Königshofs (9. Jh.) gilt als Keimzelle der Stadt und beherbergt heute u. a. das **Städtische Museum** und ein **Grafikkabinett** (Tiefe Straße 22, Tel 05971 92 06 11; Di.–Sa 14.00–18.00, So. 10.00–18.00 Uhr). Das **Textilmuseum Rheine** lässt die 300 Jahre alte Textil- und Industriegeschichte Rheines wieder aufleben (im EEC, Humboldtplatz 4, Tel 05971 1 00 18; nur nach Voranm.).

VERANSTALTUNGEN
Beim **Emsfestival** im Sommer spielen diverse Bands auf einer Bühne auf der Ems. Am dritten Wochenende im Okt. steigt die **Rheiner Herbstkirmes**.

INFORMATION
Rheine. Tourismus. Veranstaltungen, Bahnhofstraße 14, 48431 Rheine, Tel. 05971 80 06 50, www.rheine-tourismus.de

Genießen Erleben Erfahren

Die längste Galerie der Welt

Fahrradfahren ist keine Kunst. Wer es einmal gelernt hat, verlernt es nicht mehr. Die Liebe zum Radfahren und die Liebe zur Kunst kann man auf einer 170 km langen, grenzüberschreitenden Radroute verbinden – auf den „kunstwegen", einem in Europa einzigartigen Projekt.

Mit den „kunstwegen" und den ergänzenden „raumsichten" von Ohne bei Bad Bentheim bis ins niederländische Zwolle haben die Kunstexperten der Region eine höchst innovative Strecke geschaffen – und gleichzeitig die wohl längste Galerie der Welt. Auf der landschaftlich reizvollen Route entlang der Vechte sind rund 80 Kunstwerke zu entdecken: Abgedrehte Inszenierungen wie „Die Hose des Einbeinigen trocknen" von Andreas Slominski sind dabei, aber auch Kunstwerke, die sich mit der Geschichte der Region auseinandersetzen, beispielsweise die Fotowand „No Peep Hole" des Künstlers Marin Kasimir in Lage. Bisweilen regen die Objekte zum Schmunzeln an, dann wieder zum Nachdenken – wie die Installation „Zeugen" von Andreas Kaiser, die an die Ermordung eines russischen Kriegsgefangenen durch nationalsozialistische Soldaten erinnert. Immer finden kulturinteressierte Radwanderer Informationen zu den Skulpturen und Installationen vor, aber auch zur Geschichte der Region und zur Besonderheit der Landschaft.

Weitere Informationen

Das Streckenprofil ist überwiegend flach, die Route gut ausgeschildert, man kann auch Teilstrecken befahren.
Informationen bei Grafschaft Bentheim Tourismus (Nino Allee 2, 48529 Nordhorn, Tel. 05921 96 11 96, www.grafschaft-bentheim-tourismus.de) oder bei Vechtdal-Marketing (Zeesserweg 5, NL-7731 BG Ommen, Tel. +31 529 46 21 38, www.vechtdaloverijssel.nl); online unter www.kunstwegen.org.

Natur, Kunst und sportliches Freizeitvergnügen gehen auf den „kunstwegen" eine außergewöhnliche Symbiose ein.

Stadt, Land, Fluss

Die Ems ist die Lebensader im südlichen Emsland. Mal windet sie sich kurvenreich durch sattgrüne Wiesen, dann verläuft sie wieder als moderne Wasserstraße schnurgerade durch eine uralte Kulturlandschaft. Das Emsland ist ein Dorado für Radwanderer und Wassersportler. Eine Region, die kulturhistorische Überraschungen offenbart und den Spagat zwischen Tradition und Moderne beherrscht. Lingen und Meppen an der Ems, aber auch die alte Burgmannsstadt Haselünne, sind beste Beispiele.

Das Emsland ist auch Bauernland – und so muss mancher Radler auf kreuzende Kühe entlang des Weges achten.

Zu den ältesten Emsland-Gotteshäusern gehört Meppens Bokeloher Kirche (oben links). Für die barocke Ausstattung der Gymnasialkirche zeichnete Johann Conrad Schlaun verantwortlich, vor allem für seine Bauten in Münster bekannt (unten rechts). Vor dem Meppener Rathaus lässt sich der Kaffee besonders gut genießen (oben rechts). Hinter der klassizistischen Fassade der Arenbergsche Rentei residiert heute das Meppener Stadtmuseum (unten links).

An der Mündung der Hase in den Dortmund-Ems-Kanal zeigt sich Meppen als Wassersport-Hochburg.

Beim gemütlichen Kaffee vor ihrem Rathaus ist der Besucher aus Sicht der Meppener „mitten drin“ im Emsland.

Das Emsland ist unverändert eine bäuerlich geprägte Region. Dagegen haben selbst die engagiertesten Lokalpatrioten nichts einzuwenden. Aber wenn man ihnen mit dem Emsland-Plan kommt, dann stellen sie gerne mal die Ohren auf Durchzug. Dieses 1950 vom Bundestag verabschiedete Vorhaben hatte die „Erschließung der Ödländereien des Emslandes“ zum Ziel. Man hielt die Region strukturell für rückständig und erachtete es als notwendig, das Gebiet auf den Lebensstandard der restlichen, noch jungen Bundesrepublik zu bringen. 1989 schließlich wurde die Förderung eingestellt; die Mission galt als erfüllt, die Region als wirtschaftlich gesundet.

Das Image des Provinziellen ist das Emsland, wo man sich von morgens bis abends mit „Moin“ begrüßt, trotzdem lange Zeit nicht losgeworden. Hier finden keine Prêt-à-porter-Schauen statt, dafür steigt in Meppen die größte Landmaschinenauktion Europas. Und wenn die Fußballer des SV Meppen auswärts antraten, grölten die gegnerischen Fans schon mal gern: „Zieht den Meppenern die Gummistiefel aus.“

Derartiger Spott perlt an den Emsländern ab wie Wasser an Entengefieder. Sie wissen, dass sie nicht der Nabel der Welt sind, aber sie sind stolz auf ihre Traditionen, ihre Sehenswürdigkeiten und die intakte Natur zwischen Ems und Hase. Längst ist die Region ein beliebtes Urlaubsziel, vor allem für Familien mit Kindern und Naturliebhaber, die die abwechslungsreiche Landschaft aus archaischen Moorlandschaften, malerischen Flusstälern, Wacholderhainen, dunklen Mischwäldern und sattgrünen Wiesen zu schätzen wissen.

Die Emsland-Metropolen

So war es konsequent, dass bei der Kreisreform 1977 Meppen und nicht das deutlich größere Lingen zur Kreisstadt des neuen Landkreises Emsland erkoren

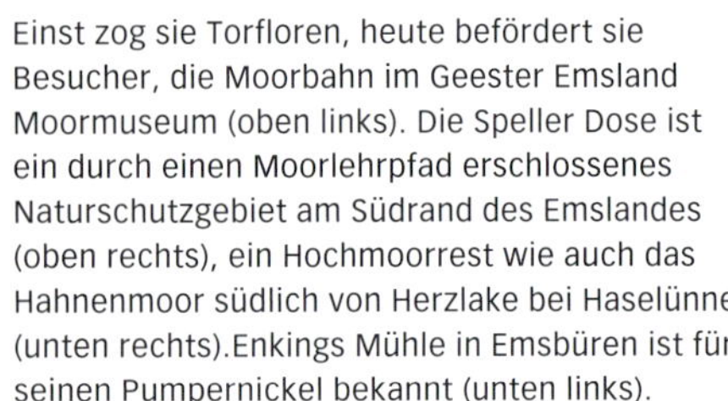

Einst zog sie Torfloren, heute befördert sie Besucher, die Moorbahn im Geester Emsland Moormuseum (oben links). Die Speller Dose ist ein durch einen Moorlehrpfad erschlossenes Naturschutzgebiet am Südrand des Emslandes (oben rechts), ein Hochmoorrest wie auch das Hahnenmoor südlich von Herzlake bei Haselünne (unten rechts).Enkings Mühle in Emsbüren ist für seinen Pumpernickel bekannt (unten links).

wurde. In Meppen geht es beschaulich zu rund um das historische Rathaus. Bereits 1408 wurde das Wahrzeichen der ehemaligen Festungsstadt aus Findlingen errichtet, rund 200 Jahre später fügten die Meppener ihrem Wahrzeichen einen reich geschmückten Renaissance-Erker, einen Treppengiebel und Arkaden hinzu. Die goldene Windfahne am Rathaus hat die Form einer Hansekogge und erinnert an die Zeit Meppens als Mitglied des mittelalterlichen Städtebundes.

Einige Söhne der „Stadt im Grünen" haben weltweit ihre Spuren hinterlassen. Allen voran der Kaufmann und Philanthrop Wilhelm Anton Riedemann, der in den 1880er-Jahren weltweit die ersten Tankschiffe für den „Petroleum"-Transport aus Nordamerika

Der Emsland-Plan sorgte nicht nur dafür, dass weite Moorflächen landwirtschaftlich nutzbar wurden – von Anfang an bohrte man unter dem Torf nach Erdöl.

bauen ließ – lange bevor die Erdölförderung in seiner geliebten emsländischen Heimat eine immer größere Bedeutung gewann. 1942 sprudelte der kostbare Rohstoff bei Dalum zwischen Meppen und Lingen erstmals aus emsländischem Boden. Weitere Funde, insbesondere bei Twist an der Grenze zu den Niederlanden, riefen die großen Konzerne auf den Plan. Und bis heute ist das westliche Emsland einer der Standorte der Erdöl,- aber auch der Erdgasförderung in Deutschland. Die Pumpen, im Volksmund „Kopfnicker" genannt, gehören hier schon fast so zur Landschaft wie Ems und Hase.

Verarbeitet wird das Rohöl seit 1953 in Lingen, der größten Emsland-Stadt

Lingens weitläufigen Marktplatz umgeben diverse historische Bauten, zu denen das Rathaus und die Alte Posthalterei gehören.

Die Kivelinge sind zwar die unverheirateten Bürgersöhne Lingens – doch Damen gehören beim Aufzug unbedingt dazu.

Das Kivelingsfest ist das große Volksfest in Lingen.

Das „Litfass" in der Clubstraße gilt als gemütlicher Treff in Marktplatznähe.

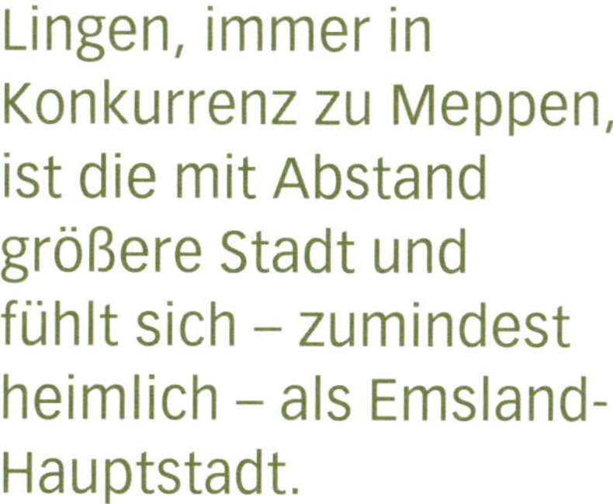

Lingen, immer in Konkurrenz zu Meppen, ist die mit Abstand größere Stadt und fühlt sich – zumindest heimlich – als Emsland-Hauptstadt.

und einem wichtigen Wirtschaftsstandort. Hier blickt man mit Stolz auf über 1000 Jahre Geschichte zurück. Auch der Marktplatz ist weitaus größer als der in Meppen, aber nicht minder schmuck mit seinen historischen Bauten wie Rathaus und Alter Posthalterei. Jeden Tag ertönt vom Rathaus aus das Kivelingslied zu einem Figurenspiel, von eben jenen Kivelingen gestiftet.

Im Dienst ihrer Heimatstadt

Die Kivelinge sind die Junggesellen der Stadt und werden seit der Belagerung Lingens im Jahr 1372 so genannt. In höchster Not gelang es den blutjungen, unverheirateten Bürgersöhnen die Stadtmauern zu halten. Die ungewöhnliche Bezeichnung soll denn auch vom mittelniederdeutschen „kiven" abgeleitet sein, was so viel wie kämpfen bedeutet. Heutzutage kämpfen die Kivelinge nicht mehr mit Schwert und Lanze, sondern als fundierte Stadtführer vielmehr darum, die Traditionen und die Heimatkultur Lingens zu bewahren. 1972 organisierten sie erstmals das alle drei Jahre zu Pfingsten stattfindende Kivelingsfest, bei dem die unverheirateten Bürgersöhne in mittelalterlichen Kostümen durch die Stadt ziehen. Nach wie vor gilt: Wer den Bund der Ehe eingeht, muss bei den Kivelingen unverzüglich ausscheiden.

Schnapsidee für die Welt

Es ist davon auszugehen, dass auch die Kivelinge bei ihren Festen den einen oder anderen Korn kippen. Mit ziemlicher Sicherheit stammt ein Großteil davon aus Haselünne. Die älteste Stadt des Emslandes ist weithin bekannt für ihre Schnapsbrennereien. Ob Friedrich und Hans Berentzen nüchtern waren, als sie 1976 ihre „Schnapsidee" hatten, ist nicht überliefert. Jedenfalls erfanden sie damals den Apfelkorn. Sie wurden zunächst belächelt, doch der Erfolg gab ihnen Recht. Amerikaner, Japaner, Chinesen – und natürlich Emsländer – trinken die Mischung aus Weizenkorn und Apfelsaft.

Bereits 1758 hatte der Ratsherr Johann Bernhard Tobias Berentzen, von Haus aus Schmied, sich dem äußerst komplizierten Prozedere des Schnapsbrennens verschrieben. Seinerzeit zählte man mehr als 20 Brennereien in Haselünne. Übrig geblieben sind deren drei: Die Berentzen-Brennerei, die seit 2008 nicht mehr in Haselünne produziert, sowie Rosche und Heydt. Und deren Experten stellen nicht nur abenteuerliche Frucht- oder Lakritzschnäpse her, die einen veritablen Kater garantieren, sondern auch herrliche, im Eichenfass gereifte Kornbrände, für die man getrost so manchen Grappa stehen lassen kann.

Fliegende Holländer im flachen Land

Einst sicherten sie den Menschen ihr „täglich Brot“, dann wurden sie unrentabel und nicht mehr gebraucht. Engagierten und heimatverbundenen Anwohnern ist es zu verdanken, dass zahlreiche historische Mühlen im Emsland, im Osnabrücker Land und in der Grafschaft Bentheim inzwischen herrlich restauriert und wieder voll funktionstüchtig sind.

1 „Vom Korn zu Brot“

1825 wurde die Mersmühle, eine sogenannte Wall- und Durchfahrtsholländermühle, in Haren an der Ems erbaut. Sie ist das Herzstück eines Mühlenmuseums, das sich dem Thema „Säen – Ernten – Mahlen – Backen" verschrieben hat. Zu dem Ensemble gehören noch ein traditioneller Bauerngarten, ein Brunnen von 1809 sowie das Fachwerk-Müllerhaus. Dort sind mehr als 50 Modelle von historischen Windmühlen aller Art zu bestaunen und Heiratswillige können sich hier das Ja-Wort geben.

Mersmühle (mit Mühlenmuseum Haren), Landeggerstraße, 49733 Haren (Ems), Tel. 05932 7 13 13, www-heimatverein-haren-ems.de

2 Stabiler Nachfolger

Komplett aus Bentheimer Sandstein erbaut wurde die Gildenhauser Ostmühle (1749/50), nachdem der Vorgänger aus Holz nach einem Sturm eingestürzt war. Mehrfach vom Abriss bedroht, stand der Erdholländer lange Jahre flügel- und nutzlos in der Gegend herum. Seit 1986 ist die Mühle picobello restauriert und wieder funktionsfähig. Wenn der richtige Wind weht, drehen sich die Flügel und im alten Backhaus wird aus dem frisch gemahlenen Korn knuspriges Brot gebacken.

Ostmühle Gildehaus und Backhaus, Mühlenberg, 48455 Bad Bentheim, Tel. 05924 2 33, www.ostmuehle-gildenhaus.de

3 Herrliche Lage

Idyllisch oder auch – im wahrsten Sinne des Wortes – herrlich gelegen ist die 1677 erbaute Wassermühle in der Herrlichkeit Lage. Die Ölmühle stellte ihren Betrieb nach dem Zweiten Weltkrieg ein, Korn wurde hier bis in die 1950er-Jahre hinein gemahlen. Heute ist das bestens restaurierte Kleinod nahe der niederländischen Grenze ein beliebtes Ausflugsziel und dank der Mühlenfreunde kann man an den Mahltagen das traditionelle Müller-Handwerk bestaunen.

Wassermühle der Herrlichkeit Lage, Eichenallee 3, 49828 Neuenhaus-Lage, Tel. 05941 55 84, www.muehlenfreunde-lage.de

4 Schöne Kombi

Die sicherlich schönste und außergewöhnlichste Mühle des Emslandes ist die Hüvener Mühle, erstmals 1534 urkundlich erwähnt als „Erffkotter tho Hüven de Moller“. Gelegen in der hügeligen Landschaft des Hümmlings zwischen Wäldern, Wiesen und Heideflächen, ist sie eine der letzten kombinierten Wind- und Wassermühlen in ganz Europa – und nach einer umfangreichen Restaurierung 2003 bis 2006 wieder voll funktionstüchtig.

Hüvener Mühle, 49751 Hüven, Tel. 05964 95 97 00, www.huevener-muehle.de

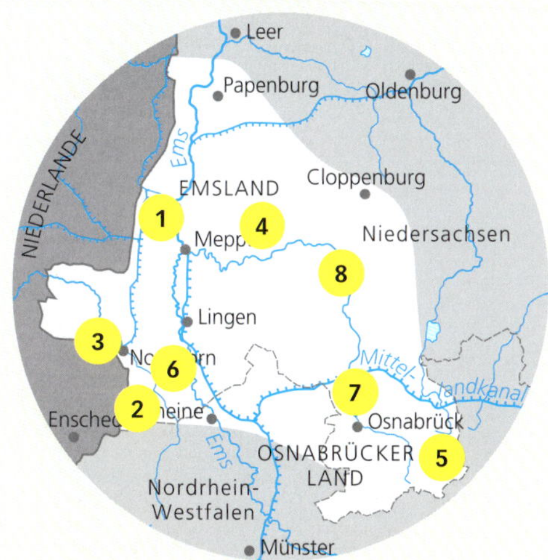

5 Ideale Bedingungen

Ganz im Südosten des Osnabrücker Landes steht mit der Westhoyteler Mühle die letzte noch erhaltene Windmühle der Region um Melle. Der Wallholländer wurde 1870 auf einem Hügel errichtet, ideale Bedingungen für eine der wenigen Windmühlen in einer Gegend, in der ansonsten überwiegend Wassermühlen betrieben wurden.

Nachdem die Westhoyteler Mühle in den 1970er-Jahren still gelegt wurde, drehen sich die Flügel heute zu besonderen Anlässen wieder. Und im Backhaus wird nach alten Rezepten gebacken.

c/o Günter Oberschmidt, Küsterkamp 27, 49328 Melle, Tel. 05226 3 79, www.windmuehle-westhoytel.de

6 Berühmt für das Pumpernickel

Enkings Mühle, eine fünfstöckige Holländer-Windmühle aus dem Jahre 1802, ist vor allem wegen ihrer kulinarischen Spezialitäten einen Besuch wert. Die Mühle am Rande von Emsbüren ist bekannt für ihr hervorragendes Pumpernickel. Das Roggenschrot für das dunkle, saftige Schwarzbrot wird in der Mühle gemahlen. Die Krönung jedoch ist die exquisite Pumpernickel-Torte, die man im gemütlichen Ambiente des Mühlencafés genießen kann.

Enkings Mühle, Mühlenstraße 32, 48488 Emsbüren, Tel. 05903 2 81, www.enking.de

7 Von Mäusen und Müllern

Von weit her strahlt das markante Weiß der Lechtinger Windmühle bei Wallenhorst. Als ein Verein von Mühlenfreunden sich in den frühen 1980er-Jahren dem Galerie-Holländer annahm, war die Mühle eine Ruine. Umso erfreulicher ist es, dass sie heute wieder voll funktionstüchtig ist und zahlreiche Aktivitäten rund um die Mühle angeboten werden. Angeschlossen ist ein kleiner Bioladen und seit 2013 beherbergt der nahe liegende Trafoturm ein einzigartiges Mausefallen-Museum!

Windmühle Lechtingen, Mühlenstraße 40, 49134 Wallenhorst, Tel. 05407 16 00, www.windmuehle-lechtingen.de

8 Bewegte Geschichte

Kaum eine Mühle in der Region hat eine – im wahrsten Wortsinne – solch bewegte Geschichte wie Everdings Mühle. Erbaut 1785 im emsländischen Aselage, wurde sie 1809 nach Menslage versetzt und schließlich 1877 an ihrem heutigen Standort Groß-Mimmelage inmitten des „Kulturschatzes Artland“ als Galerie-Holländer wieder errichtet. Das Ehepaar Everding lockt heute seine Gäste mit dem Mühlencafé „Oma Plüsch“, einem Rosarium und der Möglichkeit, in der Mühle zu heiraten.

Everdings Mühle, Mimmelager Straße 63 a, 49635 Badbergen, Tel. 05436 96 69 97 38, www.everdings-muehle.de

Maßstab 1:230.000
0
2
4km
COMPASCUUM
HAREN (Ems)
MEPPEN
HASELÜNNE
Herzlake
Lähden
Twist
Geeste
Bawinkel
Lengerich
LINGEN (Ems)
Wietmarschen
Georgsdorf
NORDHORN
Emsbüren
SCHÜTTORF
Salzbergen
RHEINE
BAD BENTHEIM
Spelle
Schapen
Hopsten
Freren
HÖRSTEL
Losser
Denekamp
Beesten
Lünne
Osterwald
Dalumer Moor
Wietmarscher Moor
Bourtanger Moor
Naturpark
Bargerveen
Engdener Wüste
Lingener Höhe
Grafschaft Bentheim
Straße der Megalithkultur
1
2
3
4

Klares Wasser, klarer Korn

Die Flüsse Ems und Hase sowie Wasserstraßen wie der Dortmund-Ems-Kanal prägen die Kulturlandschaft des südlichen Emslandes, das einst endlose Moore durchzogen. Im Emsland Moormuseum in Groß-Hesepe ist zu erfahren, wie die einst so unwirtliche Gegend untertan gemacht wurde. Meppen und Lingen sind die Metropolen der Region. Und „Schnapsideen" aus Haselünne eroberten die ganze Welt.

1 Meppen

Das am Wasser liegende Meppen (35 000 Einw.) wird wegen der hier mündenden Flüsse und Kanäle auch Grüne Stadt genannt. Bereits 834 erstmals erwähnt, erhielt sie 1360 das Stadtrecht und war für kurze Zeit auch Mitglied der Hanse. Seit 1977 ist in der Festungsstadt des 17. Jhs. die Kreisverwaltung des Landkreises Emsland ansässig.

SEHENSWERT

Wahrzeichen ist das historische **Rathaus** (Markt 43), dessen Untergeschoss 1408 aus mächtigen Findlingen errichtet wurde; nach 1600 erhielt das Gebäude seine markanten Renaissance-Erker. Die barocke **Gymnasialkirche** wurde bis 1746 errichtet; sehenswert im Inneren sind u. a. die Stuckdecke sowie die Altäre des Barock-Baumeisters Johann Conrad Schlaun (Gymnasialstraße, tgl. 10.00–18.00 Uhr). In der spätgotischen **Propsteikirche** (1462) in der Kuhstraße sollte man dem neugotischen Flügelaltar besondere Beachtung schenken. Das klassizistische **Heyl'sche Haus** (1809) in der Emsstraße überrascht mit innenarchitektonischen Besonderheiten (Besichtigungen während der Öffnungszeiten der Emsländischen Volksbank).
Die **Koppelschleuse** (1826–1830) am ehem. Ems-Hase-Kanal gilt als technisches Meisterwerk; heute dient sie als interkulturelles Begegnungszentrum.

MUSEEN

Die klassizistische **Arenbergsche Rentei** (1805) beherbergt das **Stadtmuseum** (Obergerichtsstraße 7, Tel. 05931 10 86; Di.–Do. und So. 14.00–17.00 Uhr). Zahlreiche Exponate zur Meppener Stadtgeschichte sind hier ausgestellt, u. a. Modelle der 1374 errichteten bischöflich-münsterschen Paulsburg sowie der im 18. Jh. geschleiften Festungsanlage.

RESTAURANTS

Im 300-jährigen € € **Alten Gasthaus Giese** (Römerstraße 1, Meppen, Tel. 05931 66 10) werden selbst gebackener Kuchen und regionale Gerichte auf der Terrasse am Hase-Ufer serviert. Der € € € **Landgasthof Backers** in Twist-Bült (Kirchstraße 25, Tel. 05936 90 47 70, www.gasthof-backers.de) wurde mehrfach für seine Küche ausgezeichnet.

Bauernstube im Emsland Moormuseum, Erdölpumpe im Meppener Umland

VERANSTALTUNGEN

Die **Emsländische Freilichtbühne** in Meppen-Esterfeld lockt alljährlich fast 45 000 Besucher mit ihrem Programm für Jung und Alt (Geschäftsstelle, Markt 43, Tel. 05931 1 28 25, www.freilichtbuehne-meppen.de). Anf. Sept. feiert Meppen sein **Stadtfest.**

UMGEBUNG

Am Hase-Ufer, rund 4 km östl. der Stadt, steht mit der **St.-Vitus-Kirche** (Urspr. 10. Jh.) eines der ältesten Gotteshäuser des Emslandes. Gleich nebenan befindet sich die **Alte Schule Bokeloh** (Am Kirchberg, Tel. 05931 15 31 53, www.heimatverein-meppen.de; Sa. und So. ab 11.00 Uhr), in der eine Dauerausstellung an die Schulzeit wie zu Kaisers Zeiten erinnert. Auf Anmeldung kann man sogar eine historische Schulstunde miterleben. Ein Teil der Ausstellung ist dem Maler Otto Pankok (1893–1966) gewidmet.
Twist (ausgesprochen mit langem I; 18 km südw.) liegt am Rand des Bourtanger Moors; das ehemals größte zusammenhängende Moorgebiet Westeuropas wurde vor allem in der zweiten Hälfte des 20. Jhs. entwässert und erschlossen. Das **Erdöl-Erdgas-Museum Twist**, 2019 um den „Tank des Wissens" erweitert (Flensbergstraße 13, Tel. 05936 9 33 00, www.erdoel-erdgas-museum-twist.de; Di.–So. 14.00–18.00 Uhr), zeigt Wissenswertes zur Entstehung von Erdöl und Erdgas sowie zur Förderung, Verarbeitung und Speicherung.
Geeste (11 000 Einw.) liegt zwischen Hochmoorflächen und dem Geester See, einem beliebten Naherholungsgebiet und Dorado der Wassersportler. Im **Emsland Moormuseum** TOPZIEL in Groß Hesepe (Geestmoor 6, Tel. 05937 70 99 90, www.moormuseum.de) können sich Besucher über Entstehung und Nutzung der Naturlandschaft Moor informieren. Ein Höhepunkt ist der gigantische Dampfpflugsatz „Mammut", der einst zur Moorkultivierung eingesetzt wurde.
Auch im **Internationalen Naturpark Bourtanger Moor – Bargerveen** erfahren Besucher viel Wissenswertes rund um das Thema Moor, von der Entstehung der Moore über die Kultivierung bis zur Renaturierung dieser ganz besonderen Landschaft (www.naturpark-moor.eu).

INFORMATION
Tourist-Information, Markt 4,
49716 Meppen, Tel. 05931 15 31 53,
www.meppen-tourismus.de

2 Haselünne

Die idyllisch gelegene älteste Stadt des Emslandes (12 700 Einw.) erhielt bereits im frühen 13. Jh. Stadtrecht und gehörte im Mittelalter zu einem Städtebund, aus dem sich später die Hanse entwickelte. Bekannt ist das Städtchen an der Hase für seine Kornbrennereien.

SEHENSWERT
Weithin sichtbar ist die **St.-Vincentius-Kirche,** die dreischiffige spätgotische Pfarrkirche (15. Jh.); erwähnenswert ist ihr romanischer Taufstein aus dem 12. Jh. Interessant sind die **Burgmannshöfe,** darunter der fast in ursprünglicher Form erhaltene Adelssitz Westerholtscher Burgmannshof (Ritterstraße 7; erbaut 1385), der mit seinem Rittersaal zu den bedeutendsten Profanbauten des Emslands gehört.

MUSEEN
Publikumsmagnet ist das **Brennereimuseum** der Brennerei Berentzen (Bahnhofstraße, Tel. 05961 50 25 56, www.berentzen-hof.de) im Bentickhof (Führungen auf Anfrage). Im Hofladen gibt es Berentzen-Produkte, darunter auch Sondereditionen, die nur hier zu haben sind. Führungen sind auch in den Kornbrennereien Rosche und Heydt möglich.
Das **Heimatmuseum** (Lingener Straße 30, Tel. 05961 91 86 50, www.heimatverein-haseluenne.de) gibt einen guten Einblick in die Geschichte Haselünnes.

AKTIVITÄTEN
Reisen wie anno dazumal kann man mit der **Museumseisenbahn der Eisenbahnfreunde Hasetal** (Kettelerstraße 12,Tel. 05923 39 28, www.eisenbahnfreunde-hasetal.net). Im Winter verkehrt auf der Strecke der „Grünkohlexpress".

VERANSTALTUNGEN
Alle zwei Jahre in geraden Jahren (wieder Sept. 2020) findet der **Historische Korn- und Hansemarkt** in Haselünne statt.

HOTELS UND RESTAURANTS
Übernachten in historischen Gemäuern kann man im **€ € Burghotel Haselünne** (Steintorstraße 7, 49740 Haselünne, Tel. 05961 94 33 0, www.burghotel-haseluenne.de).
Im **€ € € Jagdhaus Wiedehage** (Steintorstraße 9, Tel. 05961 79 22, www.jagdhaus-wiedehage.de) serviert der Küchenchef regionale und internationale Köstlichkeiten.

UMGEBUNG
Naturliebhaber sollten dem **Haselünner Wacholderhain** einen Besuch abstatten, einem der größten seiner Art in Europa. Das Areal gehört zum südöstl. gelegenen Naturschutzgebiet Haselünner Kuhweide.

INFORMATION
Tourist-Information, Rathausplatz 1,
49740 Haselünne, Tel. 05961 50 93 20,
www.haseluenne.de

Typische Moorlandschaft mit Wollgras bei Twist, Kupferkessel in der Brennerei Berentzen

Als niederländische Exklave erlebte Lingen im 17. Jahrhundert alle Höhen und Tiefen der Befreiungskriege gegen die Habsburger mit.

3 Lingen

Die größte Stadt des Emslandes (54 000 Einw.). wurde erstmals 975 erwähnt. Mitte des 14. Jhs. erhielt Lingen Stadtrecht. 1578–1713 gehörte Lingen als Exklave zumindest nominell zu den Niederlanden, wurde als Festung ausgebaut und musste im 17. Jh. alle Höhen und Tiefen der Befreiungskriege gegen die spanischen Habsburger miterleben, was u. a. fortwährende Religionswechsel bedeutete. 1713 schließlich kamen Stadt und Grafschaft Lingen durch Erbschaft an Preußen. Die Eröffnung des Ems-Vechte- und des Dortmund-Ems-Kanals (1879 bzw. 1899) brachte der Stadt wirtschaftlichen Aufschwung als Handels- und Umschlagplatz.

SEHENSWERT
Lingens Altstadt blieb vergleichsweise gut erhalten. Ihre „gute Stube" ist der **Marktplatz** samt **Rathaus** mit spätgotischem Treppengiebel, das 1555 errichtet und 1663 umgebaut wurde. Gegenüber liegt der Fachwerkbau der **Alten Posthalterei** (1653; Gaststätte). Älter ist das nach dem verheerenden Stadtbrand 1548 errichtete **Haus der Kivelinge** (Am Markt 8; 1583). Gleich neben dem **Professorenhaus** (Universitätsplatz; 1685) im früheren Universitätsviertel befindet sich die **Alte Lateinschule** (1680), die heute den Lingener Kunstverein beheimatet. Sehenswert sind auch das **Dankelman'sche Palais** (Burgstraße; 1646) und das **Haus Hellmann** (Burgstraße; 1641), eines der schönsten Fachwerkgebäude des Emslandes. Letztes Überbleibsel der im 17. Jh. abgetragenen Festung ist der urspr. im späten Mittelalter errichtete und wieder aufgebaute **Pulverturm.**

MUSEEN
Im **Emslandmuseum** erfahren Besucher alles zur Geschichte der Stadt Lingen und des südlichen Emslandes (Burgstraße 28b, Tel. 0591 4 76 01, www.museum-lingen.de; Di.–So. 14.30 bis 17.30 Uhr). Die **Kunsthalle Lingen** zeigt in der Halle IV des ehem. Reichsbahnausbesserungswerkes sowie im gegenüberliegenden Wasserturm Wechselausstellungen zeitgenössischer Kunst (Kaiserstraße 10a, Tel. 0591 5 99 95, www.kunsthallelingen.de; Di.–Fr. 10.00 bis 17.00, Sa. und So. 11.00–17.00 Uhr).

AKTIVITÄTEN
Wasserratten kommen in den **Linus Lingen Wasserwelten** (Teichstraße 18, Tel. 0591 91 65 00, www.linus-lingen.de) auf ihre Kosten.

Tipp

Zurück in die Steinzeit?

Im Emsland kein Problem! Für Hobbyarchäologen lohnt es, der Straße der Megalithkultur zu folgen. Entlang der insgesamt 330 km langen Strecke sind mehr als 70 Großsteingräber aus der Jungsteinzeit (3500–2800 v. Chr.) zu finden. Im südlichen Emsland liegen einige dieser eindrucksvollen Grabanlagen aus riesigen Granitblöcken in der Nähe von Meppen und Lingen.

Auskünfte bei der Arbeitsgemeinschaft Straße der Megalithkultur, Tel. 0541 3 23 45 68, www.strassedermegalithkultur.de

VERANSTALTUNGEN
Alle drei Jahre findet mit dem **Kivelingsfest** ein mittelalterliches Spektakel statt (wieder Juni 2020/2023). Am dritten Sept.-Wochenende feiert Lingen sein **Altstadtfest**.

RESTAURANTS
Die Restaurants € € € / € € € **Fährrestaurant** und das € € **Ems-Island** im Hotel Am Wasserfall (Am Wasserfall 2, Tel. 0591 80 90, www.hotel-am-wasserfall.de) haben einen guten Ruf.

INFORMATION
Lingen Wirtschaft & Tourismus,
Neue Straße 3a, 49808 Lingen (Ems),
Tel. 0591 914 41 44,
www.tourismus-lingen.de

4 Emsbüren

Emsbüren (10 000 Einw.) lag im frühen Mittelalter an der „Friesischen Straße", über die der Handel zwischen Emsland und Ostfriesland verlief. Als erster Ort in Niedersachsen durfte Emsbüren 2007 die offizielle Bezeichnung „Ausflugsort" tragen.

SEHENSWERT
Von Weitem sichtbar ist die gotische Hallenkirche **St. Andreas** (Urspr. 15. Jh.) mit ihrem knapp 80 m hohen Turm. Enkings Mühle ist bekannt für ihr Pumpernickel (siehe „Unsere Favoriten" S. 80/81)

MUSEUM
Der **Heimathof Emsbüren** (Ludgeristraße 2, Tel. 05903 13 18, www.heimatverein-ems bueren.de; Außenanlagen immer zugänglich, Heilkräutergarten Mai–Sept. So. 14.00–18.00 Uhr) beherbergt in seinen Gebäuden aus dem 18. Jh. u. a. eine Geschichtswerkstatt, ein Backhaus, eine alte Schmiede sowie einen Heilkräutergarten.

AKTIVITÄTEN
Swin Golf ist im Ortsteil Mehringen zu spielen (Mehringen 19a, Tel. 05903 65 60). Gleich nebenan liegt das gemütliche Bauernhofcafé **In't Hürhus** (beides: www.mehringerheide.de) samt Maislabyrinth.

VERANSTALTUNGEN
Der **Emsbürener Karneval** ist der größte des Emslandes. Im Okt./Nov. finden die **Emsbürener Musiktage** (www.emsbuerener-musiktage.de) statt.

HOTELS
Der € € € / € € **Landgasthof Evering** bietet geschmackvolle Zimmer bei sehr nettem Service (Lange Straße 24, 48488 Emsbüren, Tel. 05903 93 55 0, www.landgasthof-evering.de).

INFORMATION
VVV Emsbüren, Dahlhok 14,
48488 Emsbüren, Tel. 05903 93 57 58,
www.vvv-emsbueren.de

Genießen Erleben Erfahren

Bei den Bibern an der Hase

Im idyllischen Hasetal sagen sich – auch wenn es nahe liegen mag – nicht Fuchs und Hase, sondern Biber und Eisvogel „Gute Nacht". Das Flüsschen mäandert nach umfangreichen Renaturierungsmaßnahmen wieder gemütlich durch Felder, Wälder und Wiesen und zählt unter Kanuwanderern zu Norddeutschlands beliebten Zielen.

Der Name Hase hat nichts mit „Meister Lampe" zu tun, sondern wurde abgeleitet vom germanischen Begriff „haswa", was so viel wie grau bedeutet. Von der Quelle bei Melle fließt die Hase gemächlich durch die Norddeutsche Tiefebene, ehe sie nach knapp 170 km bei Meppen in die Ems mündet. Kein Motorendröhnen stört die Idylle, wenn man träge unter überhängenden Ästen durch den Zauberwald gleitet oder am größten zusammenhängenden Wacholderhain Nordwesteuropas bei Haselünne eine Pause einlegt. Begleitet wird die Tour vom Zwitschern zahlreicher Vögel.

Steuerfehler werden lediglich von den Kühen am Ufer oder von einem Biber bemerkt. Die großen Nager wurden in den 1990er-Jahren an der Hase wieder angesiedelt und tragen mit ihren Aktivitäten dazu bei, das Flüsschen „so wie früher" erscheinen zu lassen. Es eignet sich – trotz einiger Sohlgleiter – auch für Anfänger. Sohlgleiter sind eine Art von Unterwasserstufen, haben die früheren Wehre ersetzt und sorgen heute für gleichmäßige Wasserstände. Kanuten bieten sie einen Hauch von Wildwasser.

Weitere Informationen

Die Hasetal Touristik Gesellschaft (Langenstraße 33, 49624 Löningen, Tel. 05432 59 95 99, www.hasetal.de) nennt regionale Anbieter auf ihrer Internetseite. Die Boote – inklusive Schwimmwesten und wasserdichten Tonnen für Habseligkeiten – werden am Startort bereitgestellt; am Endpunkt werden Paddler und Material wieder eingesammelt. Geführte Touren sind ebenso im Angebot wie kombinierte „Fluss und Fietse"-Touren" per Kanu und Fahrrad (auch mit E-Bikes).

Kanuwanderungen der entspannten Art versprechen die Ausflüge auf der größtenteils renaturierten Hase.

Celebrity SILHOUETTE

Großes Kino an der Ems

Tausende „Sehleute“ zieht es an die Ems, wenn die Papenburger Meyer Werft eines ihrer Kreuzfahrtschiffe auf die Weltmeere entlässt. Schifffahrt hat große Tradition in einer Region, in der die Menschen um ihr kärgliches Auskommen kämpfen mussten. Die einst unzugänglichen und schaurig-schönen Moorgebiete haben sie im Verlauf der Jahrhunderte kultiviert. Durch die dadurch entstandenen Kulturlandschaften lassen sich heute entspannte Radtouren machen.

Maßarbeit – wenn die Papenburger Ozeanriesen die Ems befahren, wird es eng.

„Hotel Alte Werft" – in der früheren Maschinenhalle der alten Meyer Werft werden heute kulinarische Köstlichkeiten auf Kiel gelegt.

Ein Klassiker der Papenburger Werften war der Schiffstyp Spitzmutte zum Transport von Torf, Steinen oder Sand auf den Kanälen und der Ems. Dieser Nachbau gehört zur Von-Velen-Anlage.

Zweimastige Briggs wie die „Friederike von Papenburg" vor dem Rathaus befuhren im 18. und 19. Jahrhundert alle Meere der Welt.

In Papenburg sind sie mächtig stolz auf ihre Tradition als Schiffsbauer. Im Hauptkanal liegt die Brigg „Friederike von Papenburg". Und mit der „Gesine von Papenburg" kann man über die Gewässer im nördlichen Emsland gondeln. „Länge über alles: 28,30 Meter", heißt es im Infotext zu diesem als Schmack bezeichneten zweimastigen stolzen Küstensegler. Fünf Mann Besatzung waren nötig, sie zu manövrieren. Auf den Schiffen, die heute hier gebaut werden, ist der Swimmingpool 28 Meter und länger. Auf der Papenburger Meyer Werft legt man die größten und luxuriösesten Kreuzfahrtschiffe der Welt auf Kiel.

Mitte des 19. Jahrhunderts wurde in Papenburg noch auf zwei Dutzend Werften gearbeitet, überlebt haben nur die seit 1795 aktiven Meyers. Wohl auch, weil die Eigner „plietsch" waren. Dies stellten sie u.a. bei der Auslieferung des Passagierdampfers „Graf Goetzen" 1915 auf dem Tanganjikasee in Ostafrika unter Beweis: In Tausende Einzelteile zerlegt, wurde der Dampfer verschifft, Papenburger Schiffbauer vervollständigten vor Ort das Puzzle wieder. Nur ein Jahr später wurde er im Ersten Weltkrieg versenkt, um nicht in Feindeshände zu fallen. Zuvor hatte man alle wichtigen Teile gefettet – so konnte die „Graf Goetzen" nach Kriegsende geborgen werden. 1927 nahm sie unter dem Namen

Kaum ein Jahr vergeht, in dem in Papenburg kein Luxusliner vom Stapel läuft.

„Liemba" wieder ihren Dienst auf, den sie bis heute verrichtet. Weltbekannt wurde das Schiff in den 1950er-Jahren, als es unter dem Namen „Luisa" fuhr – an Bord Katherine Hepburn und Humphrey Bogart im Filmklassiker „African Queen".

Nur zu gern hätten die Papenburger die „Liemba" alias „Graf Goetzen" zum

Im Freilichtmuseum Von-Velen-Anlage am Papenburger Obenende wird Wohnen und Leben der Kolonisten gezeigt. Dazu gehört der Torftransport über die Kanäle mit einem getreidelten Prahm.

Zu den exotischen Emsland-Erlebnissen zählt der Besuch des Batak-Hauses bei Werpeloh.

Geschützt durch seine Befestigungen und auch das unzugängliche Moor, zeigt sich die sternförmige Festungsstadt Bourtange als typische Anlage.

Dem Ersten der Tod, dem Zweiten die Not, dem Dritten das Brot – so lautete das Schicksal der Moorkolonisten.

hundertjährigen Geburtstag 2013 zurückgeholt in die Heimat. Doch das Schiff wird weiterhin in Afrika gebraucht.

Ganz großes Kino

Großes Kino, allerdings ohne Hollywood, gibt es, wenn einer der Kreuzfahrt-Giganten über die eigens dafür aufgestaute Ems zur Nordsee überführt wird – mit gerade mal einer Handbreit Wasser unterm Kiel und mit Popcorn für Tausende „Sehleute", die sich am Deich ihre Logen einrichten. Einen Schiffstampen durch ein Nadelöhr zu ziehen, erscheint im Vergleich zu den Manövern, die die Lotsen hier bewerkstelligen, wie ein Kinderspiel. Viele der Schaulustigen sind fasziniert von der Technik und von der Größe der „Pötte". Und natürlich ist auch eine gehörige Portion Fernweh dabei. Umweltschützer hingegen fühlen sich dabei wie in einem schlechten Film und mahnen: Die Folgen für das Ökosystem entlang der Ems seien irreparabel.

Der Herr der Schilder

Das Emsland von einer der Wasserstraßen aus zu erkunden, wäre eine gute Idee. Weil die meisten aber eher Fahrräder im Keller stehen haben, sind Radtouristen eindeutig in der Überzahl. Man kann das Emsland wirklich als ein Radler-Paradies bezeichnen. Was auch das Verdienst von Hermann Herbers ist. Der

Hinter der barocken Schlossfassade von Dankern erstreckt sich eine ausgedehnte Erlebniswelt für Groß und Klein.

Der Osnabrücker Kurfürst und Kölner Bischof Clemens August I. ließ im 18. Jahrhundert das ungewöhnliche Jagdschloss Clemenswerth errichten.

Zwischen Papenburg und Sögel liegt in Börgerwald der Kletterwald Surwold, zu dem auch eine Sommerrodelbahn gehört.

Mann war zwei Jahrzehnte lang so etwas wie der „Herr der Schilder". Er kümmerte sich um das Radwegenetz der Region. Er tauschte aus, er putzte, er richtete und erneuerte die Wegweiser. Und er passte auf wie ein Luchs, dass keiner Schilder verdreht. In Norbert Feislachen hat „Radweg-Guru" Herbers einen würdigen Nachfolger gefunden.

Dass sich Radler hier so pudelwohl fühlen, hat auch mit der Topografie zu tun. Die Gegend ist platt wie ein Pfannkuchen. Lediglich im Hümmling gibt es ein paar Erhebungen von 60 bis 70 Metern über Normalnull. Die Emsländer nennen sie doch tatsächlich Berge. So rollt man unterwegs locker an fast allen Sehenswürdigkeiten vorbei: an Papenburg, der Kornstadt Haselünne, an der kuriosen Hüvener Mühle ...

Schaurig-schönes Moor

Die Niederlande flankieren das Emsland bis hinunter nach Bentheim. Ein kleiner Abstecher über die Grenze führt zu steingewordenen Erinnerungen an einstiges Misstrauen, nach Bourtange. Das im 16. Jahrhundert angelegte Musterbeispiel für „modernen" Festungsbau wurde ab den 1960er-Jahren zu einem musealen Gesamtkunstwerk umgestaltet. Sternförmig breitet sich die Anlage im ehemals größten zusammenhängenden Moorgebiet Mitteleuropas aus, einst unwirtlich und bedrohlich, Stoff für Gruselgeschichten und schaurig-schöne Gedichte. Erst spät wurden die Moorgebiete mit riesigen Dampfpflügen erschlossen.

Bis heute werden die Flächen überwiegend landwirtschaftlich genutzt. Wenngleich man sich Mühe gibt, der ursprünglichen Natur durch Wiedervernässung wieder eine Chance zu geben. Was sich komisch anhört, führt unter anderem dazu, dass seltene Pflanzenarten wie Pfeifengras und Zweiblättrige Kuckucksblume wieder gedeihen.

Schneller als die Radler

Die Durchschnittsgeschwindigkeit der Freizeitradler im Emsland dürfte bei maximal 15 Stundenkilometern liegen. Die Höchstgeschwindigkeit der Magnetschwebebahn Transrapid auf der Teststrecke bei Lathen überschritt locker die 400. 1983 schwebte der erste Transrapid über Felder und Wiesen. Vom Emsland aus sollte die futuristische Technologie die Welt erobern. Doch der Hochgeschwindigkeitszug verkam zum Ladenhüter. Weder die Strecke Berlin–Hamburg, noch die im Ruhrgebiet und auch nicht die zum Flughafen München wurden realisiert. Lediglich in Shanghai ist eine Magnetschwebebahn in Betrieb. Tausende von Touristen strömten alljährlich nach Lathen. „Hier wächst die Zukunft", lautete der stolze Slogan der Gemeinde. Doch dann kam der Frust. Seit bei einem tragischen Unfall im September 2006 insgesamt 23 Menschen starben, durften Besucher nicht mehr im Hightech-Zug mitfahren. Das Informationszentrum war zunächst weiterhin geöffnet, die Zukunft der Transrapid-Technik und damit der Anlage in Lathen aber lange ungewiss. Seit 2011 gammeln die Schienen auf Stelzen in der Landschaft vor sich hin; der Rückbau würde Abermillionen kosten, Betreibergesellschaft und Bund befinden sich im Rechtsstreit. Die Gemeinde Lathen würde gern ein Transrapid-Museum einrichten. Zwischenzeitlich soll gar die Kanareninsel Teneriffa Interesse am Transrapid gehabt haben. Fakt ist: Entschieden ist noch nichts; der einst für die Strecke zum Münchner Airport eingeplante Transrapid-Zug steht in Lathen in der „Garage".

Im Mai 2019 wurden Pläne der Hochschulen Emden/Leer und Oldenburg publik, nach denen Wissenschaftler in Lathen ein Hyperloop-Forschungszentrum errichten wollen. Züge mit Hyperloop-Technologie bestehen aus magnetisch schwebenden Kapseln in einer Röhre aus verringertem Luftdruck und können Schallgeschwindigkeit erreichen.

REEDEREISTANDORT HAREN

Landratten auf hoher See

Eine gute 250000-Euro-Frage für „Wer wird Millionär“: Wo liegt der drittgrößte Reedereistandort Deutschlands? Bremen, Rostock, Kiel – oder Haren an der Ems. Bei vollem Risiko wird Haren gewählt – und das wäre goldrichtig!

Haren hat gerade einmal 23000 Einwohner. Bis zur Nordsee sind es die Ems abwärts knapp 100 Kilometer. Aber mit über 300 bereederten Seeschiffen misst sich die Kleinstadt mit der rund 50 Mal größeren Weltstadt Hamburg. Die Schifffahrt in Haren hat Tradition. Bereits im 16. Jahrhundert wurden hier Pünten gebaut und auf der Ems getreidelt, das heißt vom Ufer aus gezogen. Mitte des 19. Jahrhunderts verpasste man ihnen einen spitzen Bug, die Spitzpünten waren fortan hochseetauglich. Der ganze Stolz der Harener ist die „Helene", von der ein originalgetreuer Nachbau im Schifffahrtsmuseum zu bewundern ist. Denn die Ururgroßväter der Harener Reeder fuhren mit der „Helene" bereits quer über den Atlantik. Genau wie es ihre Containerschiffe und Schwergutfrachter heute tun. Den Heimathafen Haren hat noch keines der aktuellen Schiffe je gesehen. Sie sind mit einer Länge von bis zu 180 Metern einfach viel zu groß für die Ems. Spätestens in Papenburg ist „daddeldu'", wissen die Harener Reeder.

Für den Blick zurück: die Emspünte „Haren I" und das Wattmotorschiff „Thea Angela" im Harener Schifffahrtsmuseum

Standortvorteil Haren?

Die Firmendomizile der Reeder sind deutlich kleiner als ihre Schiffe, oft nicht viel größer als ein Einfamilienhaus. Nur ein paar maritime Devotionalien in den Vorgärten deuten darauf hin, dass hier Geld mit der Schifffahrt verdient wird. Drum herum werkeln ein paar andere Mittelständler. Ansonsten nichts als Felder und ein paar Schwarz-Bunte auf sattgrünen Weiden. Die große weite Welt der Seeschifffahrt stellt man sich anders vor.

Ist das ein Standortnachteil? Es scheint nicht so zu sein. Die Harener Reeder drehen weltweit am großen Rad. Haren hat sogar gleich ein paar Standortvorteile: Die Löhne sind deutlich günstiger als beispielsweise in Hamburg, von den Mieten ganz zu schweigen. Man ist ruckzuck in Rotterdam, in Antwerpen, in Bremen oder Hamburg.

Die meisten der Harener Reeder sind selbst zur See gefahren; man kennt sich seit Ewigkeiten, man hält zusammen und hat sich organisiert in der Interessengemeinschaft Harener Reeder (IHR). Rund 3000 Menschen sind rund um die maritime Wirtschaft beschäftigt, die Arbeitslosigkeit liegt weit unter dem Durchschnitt. Darauf und auf ihre Flotte sind sie mächtig stolz in Haren. Und wenn man den Reedereistandort Hamburg schon mal hinter sich gelassen hat, dann kann man sich auch ruhig mal mit einer anderen Weltstadt vergleichen:

„Wie London an der
Themse - li ha lo,
Liegt Haren an der Emse
Und wie man dort es tut
So auch fahren wir zu Haren
Auf der schönen Wellenflut ...",

heißt es im traditionellen Harener Lied.

Fakten

Zum **Freilicht-Schifffahrtsmuseum** auf dem Haren-Rütenbrock-Kanal gehören ein liebevoll restauriertes Schleusenwärterhaus und diverse Schiffe: der 1910 gebaute Flussschlepper „August", die von Meyer-Werft-Lehrlingen nachgebaute Spitzpünte „Helene" für die Seeschifffahrt, die ebenfalls nachgebaute Emspünte „Haren I" für die Fluss- und Kanalfahrt, das 1929 in Fahrt gebrachte Wattmotorschiff „Thea Angela" zur Versorgung der Ostfriesischen Inseln und das 1972 in Dienst gestellte Seenotrettungsboot „Bruntje" (Kanalstraße, Tel. 05932 29 89, www.heimatverein-haren.de, Mai–Okt. Di.–So. 14.00–17.00, Mi. auch 10.00–12.00 Uhr).

Maßstab 1:230.000
0
2
4km
Bunde
WEENER
Bad Nieuweschans
Winschoten
Bellingwedde
Blijham
Bellingwolde
Pekela
Vlagtwedde
Ter Apel
Rhede (Ems)
Heede
Dörpen
Dersum
Walchum
Kluse
Sustrum
Lathen
Niederlangen
Oberlangen
HAREN (Ems)
MEPPEN
Twist
Versen
Wesuwe
Westoverledingen
PAPENBURG
Rhauderfehn
Ostrhauderfehn
Saterland
Surwold
Börger
Neubörger
Esterwegen
Lorup
Werpeloh
Sögel
Clemenswerth
Spahnharrenstätte
Hümmling
Lähden
Herzlake
HASELÜNNE
Fresenburg
Renkenberge
Wippingen
Stavern
Groß Berßen
Klein Berßen
Bourtanger Moor
Bargerveen
Naturpark
Küstenkanal
Dortmund-Ems-Kanal
Straße der Megalithkultur
Deutsche Fehnroute
1
2
3
4

Vom Emsland in die weite Welt

Ozeanriesen in der Meyer Werft und Traditionssegler auf malerischen Kanälen: Wie der Reedereistandort Haren ist Papenburg seit jeher mit der Schifffahrt verbunden. Der bewaldete Hümmling bietet sich für ausgedehnte Spaziergänge und Radtouren an – zum barocken Schloss Clemenswerth beispielsweise.

1 Papenburg

Das „Venedig des Emslands" (37 000 Einw.) ist die nördlichste Stadt der Region und grenzt direkt an Ostfriesland. Das Stadtbild der 1458 erstmals genannten, im Zuge der Moorkolonisation gegründeten ältesten Fehnkolonie Deutschlands wird durch zahlreiche Kanäle geprägt, die zum Verschiffen von Torf angelegt wurden. Einst waren fast zwei Dutzend Werften an der Ems ansässig, übrig blieb nur die Meyer Werft.

SEHENSWERT

Hauptattraktion Papenburgs ist die **Meyer Werft** TOPZIEL (www.meyerwerft.de), auf der u. a. die größten und luxuriösesten Kreuzfahrtschiffe der Welt gebaut und nach Fertigstellung über die schmale Ems zur Nordsee überführt werden. Das Besucherzentrum der Meyer Werft bietet täglich Führungen an, auf denen man einen Überblick über die mehr als 200-jährige Geschichte des Unternehmens bekommt und erleben kann, wie die Ozeanriesen im Trockendock zusammengeschweißt und ausgestattet werden (Voranmeldung bei Papenburg Tourismus, Tel. 04961 83 96 0, www.papenburg-tourismus.de oder www.meyerwerft.de).
Die letzte erhaltene **Bockwindmühle** des Emslandes befindet sich an der Wiek, ein **Galerie-Holländer** von 1888 steht auf dem Papenburger Mühlplatz. Beim Bau der mächtigen neugotischen **St.-Antonius-Kirche** (Kirchstraße 14, www.st-antonius-papenburg.de) wurden Ende des 19. Jhs. rund 12 Mio. Ziegelsteine verbaut, die Hälfte wegen des moorigen Untergrunds für das Fundament. Aus Ziegeln entstand 1913 auch das **Rathaus** am Hauptkanal im Stil des niederländischen Barock.

MUSEEN

Im interaktiven Besucherzentrum **Papenburger Zeitspeicher** (Ölmühlenweg 21, Tel. 04961 8 39 60, April–Okt. Mo.–Sa. 9.00–17.00, So. 9.00–14.00, sonst Mo.–Sa. 9.00–17.00 Uhr) geleitet Stadtgründer Dietrich von Velen die Besucher „höchstpersönlich" durch eine Reise in die Vergangenheit. Auch in der **Von-Velen-Anlage** (Tel. 04961 7 37 42; www.von-velen-anlage.de; Mitte April–Mitte Okt. tgl. 10.00–17.00 Uhr) präsentiert sich das Papenburg früherer Zeiten. Im **Freilicht-Schifffahrtsmuseum** sind originalgetreu nachgebaute Segelschiffe zu sehen, darunter die Brigg „Friederike von Papenburg" und die Kuff „Margaretha von Papenburg". Die Schmack „Gesine von Papenburg" schippert noch über die Ems, auch für längere Chartertörns.

Besucherzentrum und Fabrikhalle der Papenburger Meyer Werft (links oben und unten), „Margaretha von Papenburg" im Schifffahrtsmuseum

AKTIVITÄTEN

Abenteuerlustige sind im **Kletterwald Surwold** (www.kletterwald-surwold.de) bestens aufgehoben. Ebenfalls im Angebot des Erholungsgebiets Surwolds Wald ist eine rund 300 m lange **Sommerrodelbahn.**

VERANSTALTUNGEN

Die **Überführungstermine** der Ozeanriesen von der Meyer Werft zur Nordsee sind auf der Homepage der Werft zu erfahren (www.meyerwerft.de). Alle zwei Jahre im Sommer (wieder 2022) steigt am Trockendock das große **NDR 2 Papenburg Festival.**

HOTELS UND RESTAURANTS

In der früheren Maschinenhalle der alten Meyer Werft residiert seit 1995 das **€ € € Hotel Alte Werft** (Ölmühlenweg 1, Tel. 04961 92 00, www.hotel-alte-werft.de). Besonderes Ambiente und gute Küche zeichnen seine Restaurants **Schnürboden** und **Graf Goetzen** aus.

UMGEBUNG

Wassersportler und Angler finden ein ideales Revier in der Samtgemeinde **Dörpen,** eingebettet zwischen Ems, Dever, Dortmund-Ems- und Küstenkanal. Sehenswert ist die kath. St.-Vitus-Kirche (1798). **Heede** ist bekannt für Marienerscheinungen 1937 und 1940 nahe der St.-Petrus-Kirche aus dem späten 15. Jh. (Kirchstraße, Tel. 04963 5 44); heute befindet sich hier eine Marienerscheinungsstätte. Wassersportler, insbesondere Wakeboarder und

Wasserskifahrer, finden am **Heeder See** beste Bedingungen vor (www.cableforcewakepark.de).

INFORMATION
Papenburg Marketing, Tourist-Information im Papenburger Zeitspeicher, Ölmühlenweg 21, 26871 Papenburg, Tel. 04961 83 96 0, www.papenburg-tourismus.de

2 Bourtange

Die **Festung Bourtange** lädt zu einer Zeitreise ein. Nur wenige Kilometer hinter der deutsch-niederländischen Grenze befindet sich im einst schwer zugänglichen Bourtanger Moor die sehenswerte sternförmige und von Wassergräben umgebene Anlage. 1593 fertiggestellt, war sie bis 1851 von militärischer Bedeutung und wurde erst nach dem Ende des Zweiten Weltkriegs als Festungsstadt von ihren Bewohnern verlassen. Bereits in den 1960er-Jahren begann die Rekonstruktion der Festung Bourtange als Museumsdorf. Alljährlich wird hier eine der Schlachten von Bourtange nachgestellt (1640 gegen die Spanier, 1814 gegen Napoleon), zudem finden regelmäßig mittelalterliche Märkte statt. In der Hauptsaison marschieren jeden Sonntag Pikeniere und Musketiere in der Festung auf. Die Festung ist mit dem Auto, aber auch über den grenzüberschreitenden Radweg United Countries Tour erreichbar (siehe „Tipp“ 7, S. 23).

INFORMATION
Festung Bourtange, W. Lodewijkstraat 33, 9545 PA Bourtange, Tel. +31 599 35 46 00, www.bourtange.nl, Jan.–Okt. tgl. 10.00 bis 17.00, Nov./Dez. Mo.–Fr. 9.00–17.00, Sa./So. 11.00–16.00 Uhr

Tipp

Shoppen in Groningen

In einer Dreiviertelstunde erreicht man von Papenburg aus die niederländische Stadt Groningen. Schon mehrfach wurde die Hauptstadt der gleichnamigen Provinz zur schönsten Einkaufsstadt der Niederlande gewählt, aber auch in puncto Lebensqualität hatte die lebhafte Studentenstadt bei diversen Umfragen die Nase vorn. Besonders reizvoll ist ein Besuch an den Markttagen (Di., Fr. u. Sa.). Bummeln Sie entlang der Grachten und lassen Sie sich in einem der zahlreichen Straßen-Cafés einen „Koffie“ und ein „Appelgebak“ schmecken. Seit 2015 ist übrigens auch jeder Sonntag in Groningen verkaufsoffen (13.00–17.00 Uhr).

Infos zum Groningen-Trip findet man unter: www.toerisme.groningen.nl/de oder www.groningen-info.de.
Das Parken in der Innenstadt ist teuer; es bietet sich daher an, eine der „Park & Ride“-Stationen außerhalb des Zentrums anzufahren. Der Shuttlebus in die City kostet 6 Euro für bis zu fünf Personen.

Eine der letzten Seilfähren über die Ems bei Lehe, Hüvener Mühle, Jagdschloss Clemenswerth aus der Luft

3 Sögel

Der Hauptort des bewaldeten Hümmlings ist eine der ältesten Siedlungen im Emsland.

SEHENSWERT
Die Attraktion ist das spätbarocke **Jagdschloss Clemenswerth TOPZIEL**, das der Kurfürst und Kölner Bischof Clemens August I. 1737–1746 von Johann Conrad Schlaun errichten ließ. Sternförmig sind acht Pavillons um das prachtvolle Hauptgebäude angeordnet, die als Emslandmuseum diverse Ausstellungen präsentieren. In einem der Pavillons ist die „nördlichste Rokoko-Kapelle Bayerns“ untergebracht. Im Angebot sind u. a. Kostümführungen, die das Leben des Hochadels auf Schloss Clemenswerth anschaulich machen (Tel. 05952 93 23 25, www.clemenswerth.de, März tgl. 11.00–16.00, April bis Nov. 10.00–18.00 Uhr).

VERANSTALTUNGEN
Zukunft des **Kleinen Fest im großen Park** ist unsicher. Im Sept. findet die traditionelle **Schleppjagd** auf dem Schlossgelände statt, am zweiten Adventswochenende erstrahlt das Gelände beim **Adventsmarkt** im Lichtermeer

RESTAURANT
Regionale Küche, einen Biergarten und eine Fußballgolf-Anlage bietet das **Bistro-Café Hüvener Mühle** (Tel. 05964 9 39 61 16, www.bistro-café-hüvener-mühle.de; Sa. ab 12.00, So. ab 11.00 Uhr).

UMGEBUNG
Die **Gedenkstätte Esterwegen** (25 km nördl.; Hinterm Busch 1, Tel. 05955 98 89 50, www.gedenkstaette-esterwegen.de) erinnert an die 15 Konzentrations-, Straf- und Kriegsgefangenenlager im Emsland, in denen ab 1933 über 260 000 Menschen inhaftiert waren. Eine Dauerausstellung zeigt die Geschichte der Emslandlager sowie den Umgang mit den Lagern und der NS-Vergangenheit in der Nachkriegszeit.
7 km südl. von Sögel liegt die bemerkenswerte **Hüvener Mühle** (siehe „Unsere Favoriten“ S. 80/81)
Das Batak-Haus bei **Werpeloh** (nördl.; Tel. 05952 29 90, www.batakhaus-werpeloh.de; April–Sept. So. 15.00–17.00 Uhr) dürfte wohl eines der exotischsten Gebäude ganz Niedersachsens sein. Das Gebäude wurde 1978 nach dem Vorbild der traditionellen Wohnhäuser auf der indonesischen Insel Sumatra errichtet – allerdings aus Eichenholz und Reet statt Bambus und Palmenblättern.
Auf dem 34 m hohen Hilter Berg zwischen Haren und Lathen drehen sich gelegentlich die Flügel der **Hilter Mühle,** eines Erdholländers von 1818 (www.hilter-muehle.de).
Der Ortsname von **Lathen** ist wohl für immer mit der Teststrecke der Magnetschwebebahn Transrapid verbunden. Seit dem schweren Unfall im Sept. 2006, bei dem 23 Menschen ums Leben kamen, werden auf der Teststrecke keine Besucherfahrten mehr angeboten, seit 2011 ist die Anlage komplett für den Publikumsverkehr geschlossen.

Johann Conrad Schlaun schuf mit Schloss Clemenswerth eines der Hauptwerke des westfälischen Barock.

INFORMATION
Tourist-Information, Am Markt 2, 49751 Sögel, Tel. 05952 20 64 00, www.soegel.de

4 Haren an der Ems

Im drittgrößten Reedereistandort Deutschlands (23 000 Einw.) werden mehr als 300 Seeschiffe bereedert. Der Haren-Rütenbrock-Kanal verbindet das nordwestdeutsche Fluss- und Kanalnetz mit dem niederländischen und ist ein Dorado für die Sportschifffahrt. Man trifft sich an der Harener Kanalschleuse, die den Kanal mit der Ems verbindet.

SEHENSWERT
Wahrzeichen und schon aus der Ferne zu sehen ist die Pfarrkirche **St. Martinus** (1908 bis 1911; Lange Straße, www.st-martinus-haren.de), im Volksmund auch Emsland-Dom genannt. Die Kuppel des neubarocken Bauwerks ragt stolze 58 m in den Himmel. Integriert wurde der Westturm des neuromanischen Vorgängers von der Mitte des 19. Jhs.

MUSEEN
Im **Freilicht-Schifffahrtsmuseum** auf dem Haren-Rütenbrock-Kanal sind die Nachbauten historischer Schiffe zu sehen (Tel. 05932 29 89, www.heimatverein-haren-ems.de). Die voll funktionstüchtige Mersmühle ist Attraktion des **Mühlenmuseums** (siehe „Unsere Favoriten“ S. 80/81).

AKTIVITÄTEN
Hochseilgarten, Spaßbad, Drachenburg, Kartbahn – im **Ferienzentrum Schloss Dankern** (Tel. 05932 7 22 30, www.schloss-dankern.de) rund um ein Wasserschloss aus dem 17. Jh. können Kinder und jung gebliebene Erwachsene sich auf einer Fläche von 50 ha so richtig austoben. Bei „Schietwetter“ geht das Vergnügen in der Indoor-Erlebniswelt weiter. Auf dem Gelände werden auch Ferienhäuser vermietet. **Schifffahrten** auf der Ems und dem Dortmund-Ems-Kanal bietet „Amisia“ an (Amisia-Fahrgastschifffahrt, Neuer Markt 1, 49733 Haren, Tel. 05932 7 13 13, www.amisia.de).

HOTELS UND RESTAURANT
Ein modernes Haus ist das **€ € Hotel Greive** (Mittlestraße 9, 49733 Haren, Tel. 05932 72 77 0, www.hotel-greive.de). Das Hotel und Restaurant im Golfpark **€ € € Gut Düneburg** mit dem Restaurant „Torfscheune“ ist nicht nur für Golfer zu empfehlen (Düneburg 1, 49733 Haren, Tel. 05932 72 74 0, www.golf-emsland.de). Das Restaurant **€ € € Zur Ems** in Haren zählt zu den besten im Emsland. Die Karte verspricht nichts Spektakuläres, aber was auf den Tisch kommt, mundet hervorragend (Emmelner Str. 2, Tel. 05932 64 03, www.zur-ems.com).

INFORMATION
Touristikverein Haren, Neuer Markt 1, 49733 Haren (Ems), Tel. 05932 7 13 13, www.haren.de

Genießen Erleben Erfahren

DuMont Aktiv

Von Stein zu Stein

Hape Kerkeling ist noch nicht gesichtet worden auf dem Hümmlinger Pilgerweg im östlichen Emsland. Dabei könnte der Entertainer, der mit seinem Bestseller „Ich bin dann mal weg“ das Pilgern wieder populär machte, sogar einmal ganz in der Nähe seiner niederländischen Vorfahren auf Pilgerschaft gehen.

Der bestens ausgeschilderte Hümmlinger Pilgerweg führt über fünf Etappen (Sögel–Werlte–Lorup–Esterwegen–Börger–Sörgel) und rund 90 km durch die hügeligste und waldreichste Region des Emslandes, in der die Menschen tief verwurzelt mit dem christlichen Glauben sind. Von Stein zu Stein werden die Pilger geführt. Auf Findlingen am Wegesrand sind Sinnsprüche angebracht – Zeit zur inneren Einkehr und zur Begegnung mit Gott: „Du brauchst keine Weltreise zu machen, du musst nicht den Himmel erobern, und musst nicht das Meer durchschwimmen. Du brauchst Gott nur bis zu dir selbst entgegengehen; er ist in dir, seit er dich gewoben hat im Schoß deiner Mutter“, lernt der Pilger beispielsweise auf dem Weg durch den Hümmling.

Neben zahlreichen Kirchen, Klöstern, oftmals naiven Bildstöcken, Hofkreuzen und eventuell auch nach dem einen oder anderen Gottesdienst führt der Weg auch an weltlichen Sehenswürdigkeiten wie dem barocken Jagdschloss Clemenswerth bei Sögel vorbei. Die Gedenkstätte in Esterwegen erinnert an die Emslandlager, die im Dritten Reich in der Region errichtet wurden.

Weitere Informationen

Auskünfte in den Tourismus-Büros in Sögel (Tel. 05952 20 64 00), in Werlte (Tel. 05951 20 157) oder Esterwegen (Tel. 05955 90 23 78) sowie unter www.huemmlinger-pilgerweg.de.

Ein Buch zum Pilgerweg kann u. a. online bestellt werden. Zudem besteht die Möglichkeit, sich von ausgebildeten Pilgerbegleitern führen zu lassen oder eine fünftägige Pilgerreise pauschal zu buchen.

Einzelpersonen wie Gruppen haben die Möglichkeit, die Dienste ausgebildeter Pilgerbegleiter in Anspruch zu nehmen, buchbar über die Tourist-Informationen.

Bauernland aus dem Bilderbuch

Mit seinen reich verzierten Fachwerkhäusern, jahrhundertealten Höfen und malerischen Dörfern in einer parkähnlichen Landschaft wird es auch „Kulturschatz Artland" genannt. In den 1980er-Jahren wäre die Region zwischen Quakenbrück, Badbergen, Nortrup und Menslage beinahe UNESCO-Welterbe geworden. Daraus wurde letztendlich nichts, aber Titel haben sie dennoch ins Artland geholt. Die Basketballer der „Artland Dragons" zählten jahrelang zu den besten Teams in Deutschland.

Dieses Musterbeispiel eines Artlandhofes steht in Badbergen.

„Artland-Dom“ wird Ankums romanische Kirche St. Nikolaus genannt (links oben), über die ihr Namenspatron wacht (links unten). Fürstenau war einst Bollwerk gen Norden, als späteres Wasserschloss Residenz der Osnabrücker Fürstbischöfe (rechts oben und unten).

Stift Börstel ist bis heute an seinem bescheidenen kleinen Dachreiter als Zisterziensergründung zu erkennen.

Neben den prächtigen Höfen bestimmen das Artland viele Kirchen und Klöster – kein Wunder, lebte es ja lange unter dem Krummstab.

Die Quakenbrücker haben sich längst daran gewöhnt, dass Zweimeterriesen durch ihr gemütliches Städtchen schlendern. Fast muss man sich sorgen, dass sie sich beim Gang durch die Hohe Pforte, Quakenbrücks letztem erhaltenen Stadttor, den Kopf stoßen. Die langen Kerls sind die Profis der „Artland Dragons", lange Jahre einer der besten Basketball-Klubs in Deutschland, bis die Vereinsführung 2015 überraschend den Rückzug aus der „Beko Basketball Bundesliga" bekannt gab und den Schritt vor allem mit dem Standortnachteil begründete. Echte Drachen lassen sich jedoch nicht unterkriegen – stattdessen machte der Club auf professioneller Ebene weiter, zunächst in der dritthöchsten Klasse, der ProB-Liga Nord. Denn Basketball hat eine lange Tradition im Artland.

Bereits seit Mitte der 1950er-Jahre kämpften die Basketballer des Quakenbrücker TSV unter den Körben um Punkte. Kontinuierlich bergauf ging es dann ab Mitte der 1990er-Jahre: 2003 stieg der Provinzklub in die Bundesliga auf und etablierte sich dort unter dem heutigen Namen Artland Dragons. 2007 wurde der Klub deutscher Vizemeister, 2008 Pokalsieger. Bei den auch in der ProB-Liga fast immer ausverkauften Heimspielen in der Artland Arena tobt nicht nur das Maskottchen „Tobi, der Drache" wie ein Irrwisch durch die Halle, auch die ansonsten eher zurückhaltenden Norddeutschen drehen völlig durch, wenn ihre Stars und Nachbarn zum Dunking ansetzen. Die, die sie morgens in Badelatschen beim Bäcker treffen oder mit denen sie auf dem Marktplatz „Klönschnack" halten. Und seit 2018 spielen die Dragons immerhin wieder zweitklassig.

Im Drachenland

Den Beinamen „Dragons" haben die Basketballer nicht von ungefähr. Der Drachen ist hier Wappentier. Sagenhaften Überlieferungen zufolge, trieb ein Drache einst sein Unwesen in der Gegend und forderte alljährlich eine Jungfrau als Tribut. Als ein Bauernsohn die ihm versprochene Maid mutig gegen den Drachen verteidigte, zog der sich überrascht zurück und beschloss fortan brav zu sein und die Artländer gegen jedwede Gefahren zu verteidigen. Über seine Erfolge wird nichts berichtet, doch so weit her kann es damit nicht sein, fehlen ihm doch Flügel und Beine. Vielleicht, so wird gemutmaßt, soll das symbolisieren, dass die Menschen hier besonders heimatverbunden sind.

Die Artländer jedenfalls schätzen ihr „Drudemänneken" und verewigen es seit

Wassersportfreunde zieht es an Dümmer (oben links) und Alfsee (oben rechts). Vom „quakigen“, sumpfigen Binnendelta der Hase, an dem Quakenbrück einst entstand, ist nichts mehr zu sehen. Dafür präsentiert der Ort stolz seinen weiten Marktplatz.

jeher als Zier und Schnitzerei an den typischen Artländer Möbeln und an zahlreichen Fachwerkhäusern. Zu finden ist die Figur auch auf dem Chorgestühl von St. Sylvester, dem Wahrzeichen Quakenbrücks. Den Weg zum Gotteshaus weist hingegen ein ganz und gar ungefährliches Tierchen – ein Frosch. Der Lurch – auf Niederdeutsch „Pogge" genannt – gab dem „Poggenpad" von Quakenbrück den Namen, auf dem man von Sehenswürdigkeit zu Sehenswürdigkeit wandelt. Liegt nahe bei dem Namen der Stadt, sollte man denken, und liegt doch falsch. Historiker und Etymologen sind sich einig, dass Quakenbrück rein gar nichts mit quakenden Amphibien zu tun hat. Es bedeutet eher so etwas wie „Brücke über bebendes Sumpfgelände".

Fröhliche Bauern

Die Dienste des Froschs beschränken sich auf Quakenbrücks Stadtgebiet. So hübsch die „Perle des Artlandes" auch ist – man sollte unbedingt einen Ausflug in die parkähnliche Umgebung unternehmen, um den „Kulturschatz Artland" zu heben. Am besten gelingt

Mit gutem Grund ist bei der prachtvollen Fachwerkdichte der Region vom „Kulturschatz Artland" die Rede.

dies mit dem Rad auf der rund 45 Kilometer langen „Giebeltour", an der sich die schönsten Hofanlagen reihen, mit Bauerngärten und stattlichen Eichen. Um die tausend Baudenkmäler sollen es sein zwischen Quakenbrück, Badbergen, Nortrup, Gehrde und Menslage.

Das kommt nicht von ungefähr: Das überaus fruchtbare Artland war Jahrhunderte lang die Kornkammer des Fürstbistums Osnabrück. Seine Bewohner lebten vielleicht nicht gerade wie die

Zum Museumsdorf Cloppenburg gehört auch der Hof Haake, dessen repräsentatives Haupthaus, ein Vierständerbau, 1793 errichtet wurde.

Everdings Mühle in Groß Mimmelage bietet nicht nur alte Mühlentechnik, sondern auch ein gemütliches Café.

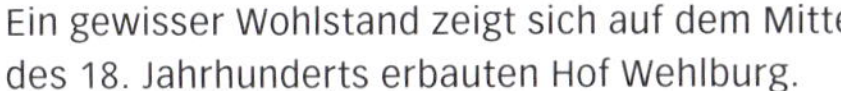
Ein gewisser Wohlstand zeigt sich auf dem Mitte des 18. Jahrhunderts erbauten Hof Wehlburg.

Das Museumsdorf Cloppenburg zeigt auch altes Handwerk.

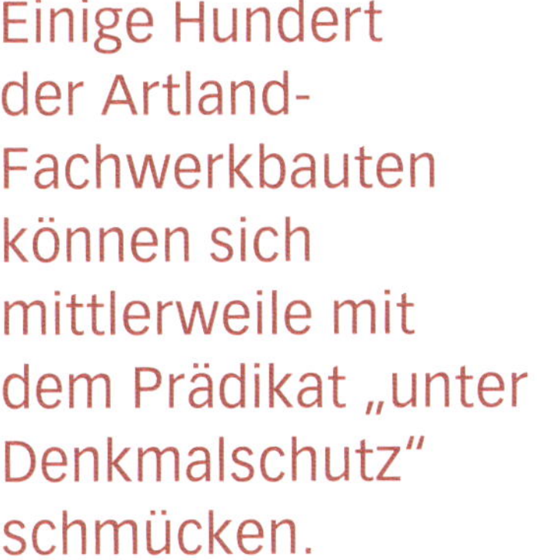
Einige Hundert der Artland-Fachwerkbauten können sich mittlerweile mit dem Prädikat „unter Denkmalschutz" schmücken.

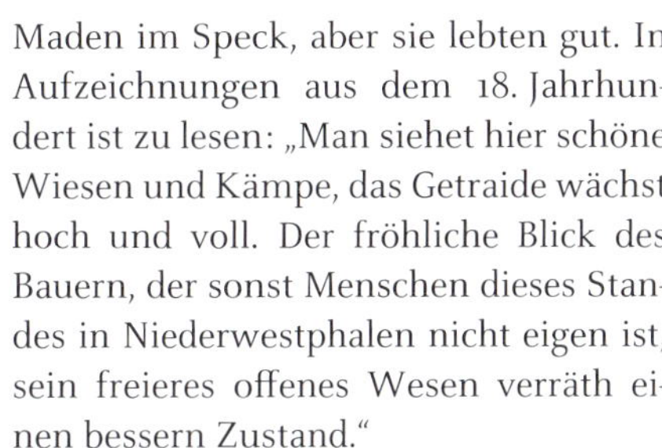
Maden im Speck, aber sie lebten gut. In Aufzeichnungen aus dem 18. Jahrhundert ist zu lesen: „Man siehet hier schöne Wiesen und Kämpe, das Getraide wächst hoch und voll. Der fröhliche Blick des Bauern, der sonst Menschen dieses Standes in Niederwestphalen nicht eigen ist, sein freieres offenes Wesen verräth einen bessern Zustand."

Statussymbole wie heutzutage Autos oder Smartphones gab es noch nicht, und doch sollte, bitteschön, jeder vom Wohlstand erfahren. Die Lösung hieß wie so oft: Prunk am Bau. Je reicher der Bauer, desto mehr teures Eichenholz wurde in den Schmuckgiebeln ihrer Höfe verbaut.

Fehlende Lobby

In den 1980er-Jahren landete das Artland gar auf der Vorschlagsliste der UNESCO als Weltkulturerbestätte – und wurde bald wieder von ihr gestrichen. Zum einen, weil die Artländer selbst gar nicht so scharf auf die Auszeichnung waren – vor allem die Landwirte befürchteten, dass alsbald Horden von Touristen ins Artland einfallen würden, mit gezückter Kamera vor ihrem Trecker herumspringen und ihre Heimat zu einem Freilichtmuseum verkommen würde. Zum anderen fehlte trotz Fürsprache des damaligen niedersächsischen Ministerpräsidenten Ernst Albrecht wohl doch die Lobby, der weltweit nicht wirklich populären Region eine solch bedeutende Anerkennung zu verleihen. In einer wissenschaftlichen Studie hieß es: „In der Tat denkt man bei herausragenden Zeugnissen des Weltkulturerbes und des Denkmalschutzes zunächst an Kirchen, Klöster und Schlösser, nicht aber an Bauernhöfe, Gutsanlagen oder Mühlen."

Kirchen, Schlösser und Klöster haben sie im Artland natürlich auch. Die Nikolauskirche zu Ankum, im Volksmund „Artländer Dom" genannt, der für das beeindruckende gotische Ankumer Kreuz aus dem 13. Jahrhundert berühmt ist. Die Klosterpforte zu Bersenbrück, die St.-Georgs-Kirche zu Bippen und das Stift Börstel, die frühgotische Marienkirche in Menslage und das im Dreißigjährigen Krieg schwer umkämpfte Schloss Fürstenau. Allesamt sehenswert, aber bei aller Liebe keine Kandidaten für die UNESCO-Listen.

Dennoch wäre es vielleicht schlau gewesen, hätte man sich für die Auszeichnung starkgemacht. Denn inzwischen stehen durch den Strukturwandel in der Landwirtschaft zahlreiche der prächtigen Artlandhöfe leer und werden nicht mehr bewirtschaftet. Und die Artländer setzen nun verstärkt auf touristische Nutzung der Bilderbuch-Höfe.

SCHLOSS IPPENBURG

Gartenparadies am Schloss

Viktoria Freifrau von dem Bussche hat auf Schloss Ippenburg unweit von Bad Essen nicht nur einen der schönsten Gärten Norddeutschlands geschaffen, sie gilt auch als Wegbereiterin der Gartenfestivals in Deutschland.

Viktoria Freifrau von dem Bussche beim Bohnenpflücken im Küchengarten

Als Viktoria Freifrau von dem Bussche vor etwas mehr als 40 Jahren auf Schloss Ippenburg einzog, da war das Gelände rund um das neugotische Schloss nicht wirklich vorzeigbar. Tannen standen dort in Reih und Glied, um als Weihnachtsbaum in fremden Wohnzimmern zu landen. Der Rest des Grundstücks war eher der Abteilung „Kraut und Rüben" zuzuordnen. „Ich habe gleich gedacht: das schreit doch danach, dass man hier was macht", erinnert sich von dem Bussche. Der neuen Schlossherrin missfiel der Anblick zutiefst, also beschloss sie, den maroden Schlosspark in einen blühenden Garten zu verwandeln. „Das Dumme daran war nur, dass ich damals keine Ahnung vom Gärtnern hatte", gesteht die studierte Kunsthistorikerin und muss selbst lachen. Das hielt sie jedoch keinesfalls davon ab, ihren Plan in die Tat umzusetzen. Mit einer gehörigen Portion Enthusiasmus und nach der Methode „Learning by Doing" verwandelte sie das rund 80 000 m² große Gelände in einen der schönsten Gärten Norddeutschlands.

Gartenfestivals vom Feinsten

Viktoria Freifrau von dem Bussche darf zurecht stolz sein auf das, was sie geschaffen hatte. Aber nur selbstzufrieden jeden Morgen auf ihr Werk zu blicken, das war nicht ihr Ding. Also setzte sie die nächste Idee um: Die gärtnernde Freifrau wollte auf Schloss Ippenburg Festivals nach britischem Vorbild ausrichten. Das erste Gartenfest 1996 fand noch in einem kleinen Rahmen statt. Aber von dem Bussche hatte Feuer gefangen; sie bereiste Frankreich und England, ließ sich inspirieren und richtete im Sommer 1998 das erste Ippenburger Schloss- und Gartenfestival aus. Der Erfolg war überwältigend. Von dem Bussche hatte eine Welle losgetreten, die alsbald über das ganze Land schwappte: „Gartenlust & Landvergnügen" auf Schloss Ippenburg gilt als die Mutter der deutschen Gartenfestivals. Und so pilgern seit den späten 1990er-Jahren alljährlich Zigtausende ins Osnabrücker Land. Längst gibt es nicht mehr nur

Gartenfestival im südlichen Parkbereich von Schloss Ippenburg

Ein Leben ohne Rosen, die Königin der Blumen, kann sich Viktorta Freifrau von dem Bussche nicht mehr vorstellen (oben). Beim 1. Ippenburger Brocante Festival im November 2019 ging es hoch her (unten).

das eine Festival im Sommer. Alljährlich zur Erntezeit steigt das Ippenburger Herbstfestival – inklusive der Niedersächsischen Kürbismeisterschaft und dem Ippenburger Kürbis-Paddel-Wettkampf. Anfang November 2019 feierte das Ippenburger Brocante-Festival Premiere auf dem Schlossgelände sowie in einigen Sälen und Zimmern des Schlosses. Zusätzlich zu den Festivals öffnet Ippenburg an Sonntagen im Juni und Juli seine Pforten für Gartenliebhaber und die, die es werden wollen.

Es ist ein Gesamtkunstwerk, das Viktoria Freifrau von dem Bussche geschaffen hat. Ein Kunstwerk im Wandel der Jahreszeiten. Tausende von Narzissen erleuchten den Park geradezu im Frühjahr, gefolgt von den ebenfalls Tausenden von Tulpen in allen nur erdenklichen Farben. Geschaffen wurden im Laufe der Jahre der sogenannte „Mundraubgarten“ mit zahlreichen Obst- und Beerenpflanzen, der Trüffelgarten, ein Zitrusgärtchen sowie verschiedene temporäre Kunstprojekte.

Infos

Traditionell wird im Juni das Ippenburger Sommerfestival gefeiert, im Juni/Juli die Ippenburger Sonntage, Ende September das Herbstfestival und Anfang November das Brocante-Festival. In der Regel können die Gärten nur zu diesen Terminen besichtigt werden. Einzeltickets kosten 10 €, ein Ticket für alle Festivals plus freier Eintritt an den Ippenburger Sonntagen ist verbilligt zu haben. Für das leibliche Wohl sorgen bei den Festivals zahlreiche Buden, kostenfrei parken kann man unweit des Schlosses.

Schloss Ippenburg, Schlossstraße 1, D-49152 Bad Essen,
Tel 05472 9 77 63 36, www.ippenburg.de

Rosen – die große Liebe

Ihre große Liebe aber gilt den Rosen. Viktoria Freifrau von dem Bussche dürfte so an die 5000 Rosen im Park gepflanzt haben, mit dem Rosarium 2000+ hat die Schlossherrin in Zusammenarbeit mit der Landschaftsarchitektin Ursula Gräfen ein außergewöhnliches Rosenmuseum angelegt. Klare, geometrische Strukturen des englischen Gartendesigners Christopher Bradley Hole geben dem Rosarium eine stimmige Heimat. Normalerweise sind die Rosen in vier bis sechs Feldern nach Farben geordnet. Gräser, Hecken oder Stauden grenzen sie voneinander ab. So entstehen Muster, die an die Bilder des niederländischen Malers Piet Mondrian erinnern. Zum 100-jährigen Bauhaus-Jubiläum 2019 ließ die Schlossherrin Teile des Rosariums in Bauhausfarben gestalten. Sie sagt: „Ein Leben ohne die Königin der Blumen möchte ich mir gar nicht mehr vorstellen.“ Eines ihrer Festivals trug sogar den Namen „Ein Fest der Rose“.

Riesiger Küchengarten

Dort, wo einst die Weihnachtsbäume in Reih und Glied standen, ist Deutschlands größter Küchengarten entstanden. Unzählige Gemüsesorten baut von dem Bussche in ihrem Biogarten an. Das sieht nicht nur prächtig aus, sondern hat auch seine Qualität. Bis zu dessen Schließung im Sommer 2018 belieferte von dem Bussche das Drei-Sterne-Gourmet-Restaurant „La Vie“, inzwischen erhält u.a. das junge Gourmet-Restaurant IKO in Osnabrück die schmackhaften Gemüse und Kräuter aus dem Küchengarten.

Zu viel scheint es der Schlossherrin nicht zu werden. Sie hat einiges an Arbeit delegiert, was die Festivals anbelangt, vor allem aber steht bzw. arbeitet sie jeden Tag in ihrem Schlossgarten. „Die Vernünftigen halten bloß durch, die Leidenschaftlichen leben“, hat Viktoria Freifrau von dem Bussche einmal gesagt.

Da hat man gut lachen: Mit über 5000 Quadratmetern besitzt Schloss Ippenburg den größten und vielfältigsten Küchengarten Deutschlands.

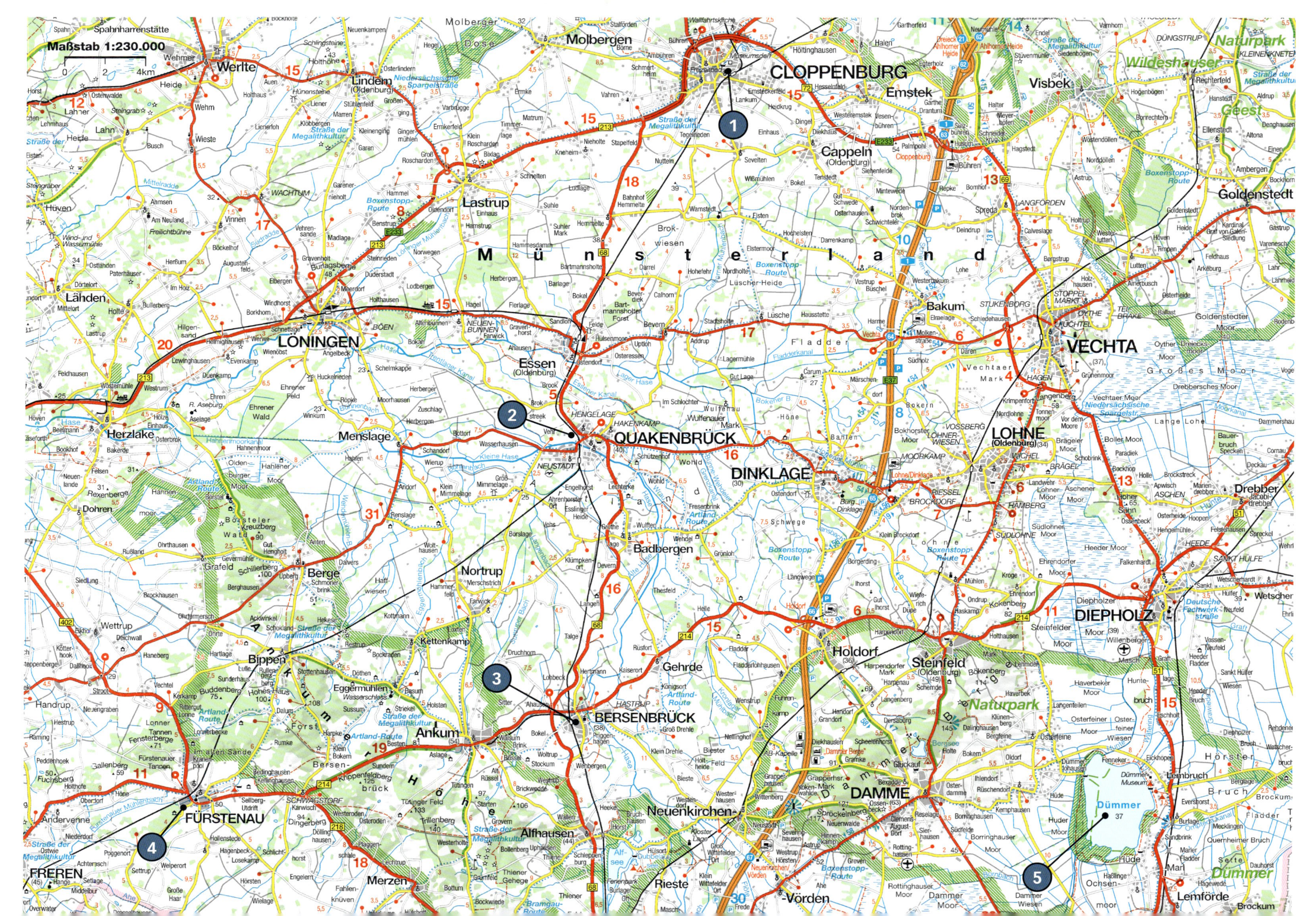

Maßstab 1:230.000
0
2
4km
CLOPPENBURG
Molbergen
Emstek
Visbek
Cappeln (Oldenburg)
Werlte
Lindern (Oldenburg)
Lastrup
Münsterland
Goldenstedt
Bakum
VECHTA
LÖNINGEN
Essen (Oldenburg)
Lähden
Herzlake
Menslage
QUAKENBRÜCK
DINKLAGE
LOHNE (Oldenburg)
Drebber
Badbergen
Nortrup
Berge
Dohren
Grafeld
DIEPHOLZ
Wettrup
Bippen
Kettenkamp
Gehrde
Holdorf
Steinfeld (Oldenburg)
BERSENBRÜCK
Eggermühlen
Ankum
DAMME
Dümmer
FÜRSTENAU
Alfhausen
Neuenkirchen-Vörden
Rieste
Merzen
FREREN
Lemförde
Naturpark Wildeshauser Geest
Naturpark Dümmer
Straße der Megalithkultur
Boxenstopp-Route
Artland-Route
1
2
3
4
5

Kulturschatz im Grünen

Mit Tausenden von Fachwerkgebäuden und jahrhundertealten Hofanlagen zählt das Gebiet zwischen Quakenbrück, Badbergen, Nortrup und Menslage zu einer der bedeutenden bäuerlichen Kulturlandschaften Deutschlands. Cloppenburg mit dem ältesten Museumsdorf Deutschlands hat nicht weniger zu bieten. Während sich der von Moorlandschaften umgebene Dümmer in erster Linie Wassersportfreunden anbietet.

1 Cloppenburg

Das Zentrum des gleichnamigen Landkreises (34 000 Einw.), ganz im Norden des Oldenburger Münsterlandes, wurde 1297 erstmals erwähnt. Bekannt über die regionalen Grenzen hinaus ist die Stadt durch das Museumsdorf, eines der ältesten seiner Art in ganz Deutschland.

SEHENSWERT

Im Stadtpark sind noch Fundamente der Ende des 13. Jhs. errichteten **Cloppenburg** zu sehen, zudem das Jugendstil-Amtsgericht (1909). Die **St.-Andreas-Kirche** (18. Jh.) mit ihrer barocken Innenausstattung ist die älteste und schönste Kirche Cloppenburgs. Zu einem Wahrzeichen Cloppenburgs ist der knapp 80 m hohe „Pfanni-Turm" im Ortsteil Emstekerfeld geworden.

MUSEEN

Das **Museumsdorf Cloppenburg** TOPZIEL (Bether Straße 6, Tel. 04471 9 48 40, www.museumsdorf.de; März–Okt. tgl. 9.00–18.00, sonst tgl. 9.00–16.30 Uhr) zieht alljährlich rund 250 000 Besucher in die größte und älteste Freilicht-Museumsanlage Niedersachsens. Auf einer Fläche von rund 15 ha mit mehr als 50 historischen Gebäuden und unzähligen Exponaten gibt das Museum einen umfassenden Einblick in das Leben und den Alltag der Landbevölkerung Norddeutschlands der vergangenen fünf Jahrhunderte.

VERANSTALTUNG

Am letzten Wochenende im Sept. feiert Cloppenburg das **Cityfest.**

UMGEBUNG

Bethen vor den Toren Cloppenburgs (nördl.) gilt mit seiner Wallfahrtskirche St. Maria (1929) und der Gnadenkapelle St. Marien (1669) als nördlichster Wallfahrtsort Deutschlands. Prunkstück der Kirche ist der Barockaltar, die Pietà des Gnadenbildes stammt vom Ende des 14. Jhs.

Der **Tier- und Freizeitpark Thüle** (15 km nordw.; Über dem Worberg 1, Tel. 04495 2 55, www.tier-freizeitpark.de; März Sa. und So., Ende März–Anf. Nov. tgl. 9.00–18.00 Uhr) bietet reichlich Gelegenheit für Kinder, sich auszutoben, und präsentiert mehr als 120 Tierarten.

Haus Awick und Edewechter Kokerwindmühle im Museumsdorf Cloppenburg (links und rechts unten), Hohe Pforte in Quakenbrück

INFORMATION

Tourist-Information Cloppenburg, Eschstraße 29, 49661 Cloppenburg, Tel. 04471 1 52 56, www.cloppenburg.de

2 Quakenbrück

Das Zentrum (13 000 Einw.) des Artlandes wurde 1235 erstmals erwähnt. Jahrhunderte war die ehem. Burgmanns- und Hansestadt ein wichtiger Vorposten zur Verteidigung des Hochstiftes Osnabrück gen Norden.

SEHENSWERT

Mittel- und Treffpunkt in Quakenbrück, das auch „Rothenburg des Nordens" genannt wird, ist der **Marktplatz,** gesäumt von Fachwerkhäusern und dem klassizistischen Rathaus (1818). Die Sehenswürdigkeiten der Stadt liegen am „Poggenpad", gekennzeichnet durch Froschfüße: so z. B. die **St.-Sylvester-Kirche** (13. Jh.), die **Marienkirche** (17. Jh.) und einige Burgmannshöfe. Die **Hohe Pforte** (1485) am Ende der Langen Straße ist das einzig erhaltene Stadttor.

MUSEUM

Das **Stadtmuseum** (Markt 7, Tel. 05431 67 77, www.stadtmuseum-quakenbrueck.de) präsentiert Exponate zur Geschichte der Stadt, darunter die Einrichtung einer alten Apotheke und eine umfangreiche Zinnsammlung.

VERANSTALTUNGEN

Am ersten Sept.-So. steigt der **Artländer Renntag** mit einem der wenigen Seejagdrennen Deutschlands (www.artlaender-rennverein.de). Beim **Kulturschatz Artland live** ist Tag der offenen Tür auf zahlreichen Artlandhöfen (2. Sept.-Wochenende). Wenig später wird das **Burgmannsfest** gefeiert (www.burgmannsfest.de), von Nov. bis Feb. finden die **Quakenbrücker Musiktage** statt.

HOTELS UND RESTAURANTS

Hinter Fachwerk übernachten kann man im € € € / € € **Hotel Hagspihl** (Lange Straße 66, 49610 Quakenbrück, Tel. 05431 22 33, www.

hotel-hagspihl.de). Im Sommer sitzt man sehr schön draußen beim Italiener **€ € € / € € Da Seba,** der im Burgmannshof Voßhagen (17. Jh.) residiert (Markt 6, Tel. 05431 90 65 95).

UMGEBUNG

Im **Kutschenmuseum** der Familie Gartmann (10 km südw.; Am Eickhoff 1, 49638 Nortrup, Tel. 05436 16 66; Besichtigung nur nach Vereinb.) fühlt man sich zurückversetzt in alte Zeiten. In Blickweite der rund 40 historischen Kutschen, Wagen und Schlitten kann man im Backhaus auch Urlaub machen.
Prachtvolle **Artlandhöfe** wie der auf das 13. Jh. zurückgehende Hof Hildebrand (www.heuhotel-hildebrand.de) und der Hof Elting-Bußmeyer (www.hof-elting.de) sind in der Nähe Badbergens zu besichtigen.

INFORMATION

Tourismus-Information Artland,
Am Markt 4, 49610 Quakenbrück,
Tel. 05431 90 75 90, www.artland.de

3 Bersenbrück

Die rund 1000 Jahre Hase-Stadt (8000 Einw.) ist heute Samtgemeindesitz.

Tipp

Regionaler Durstlöscher

In der Artland-Brauerei zu Nortrup können Besucher nicht nur ihren Durst löschen, sondern auch miterleben, wie hier hinter einer 250 Jahre alten Fachwerkfassade der traditionelle Gerstensaft des Artlandes gebraut wird. Braumeister Elmar Wiemers führt die Gäste durch die Anlagen des historischen Hofs Renze und bietet neben einer Kostprobe des Artländer Pilsener und der dunklen Variante auch verschiedene kulinarische Schmankerln aus der regionalen Küche an.

Artland Brauerei Hof Renze,
Hallerstraße 4, Nortrup,
Tel. 05436 96 96 17,
www.artland-brauerei.de

SEHENSWERT

Wahrzeichen ist die barocke **Klosterpforte** (17. Jh.), Teil des 1231 gegründeten Zisterzienserinnenklosters St. Marien (Ende des 18. Jhs. aufgehoben); heute beherbergt es das Amtsgericht und ein Museum. Über allem ragt der mächtige Turm der **Vicentiuskirche** (1510) mit prunkvollem spätgotischen Herrengestühl und Taufstein (um 1200). Die **Hasemühle** blickt auf eine über 700-jährige Geschichte zurück und dient heute als Kulturzentrum.

MUSEUM

2018 wurde das komplett renovierte Museum im **Kloster zu Bersenbrück** wieder eröffnet. Die Dauerausstellung widmet sich in erster Linie der Geschichte des Altkreises Bersenbrück vom 13. Jh. bis ins frühe 20. Jh. (Stiftshof 4, Tel. 0541 5 01 46 34, www.museum-im-kloster.de; Mi. 9.00–12.00, Do. 14.00–17.00, Sa. 9.00–12.00 und 14.00–17.00 Uhr, So. nur nachmittags).

VERANSTALTUNG

Seit 1994 findet Ende Juli das **Reggae Jam,** eines der wichtigsten Reggae-Festivals Deutschlands, statt (www.reggaejam.de).

AKTIVITÄTEN

Erfahrene Golfer, aber auch „Rookies" sind südl. von Ankum auf der Anlage des **Artland Golfclubs** (Zum Golfplatz 23, Tel. 05466/301, www.artland-golf.de) willkommen.
Am südl. von Bersenbrück gelegenen **Alfsee** finden Wassersportler gute Bedingungen vor; Camper residieren hier auf einer preisgekrönten Anlage inklusive Saunalandschaft und historischen Häusern im sogenannten „Germanenland" (www.alfsee.de).

HOTELS UND RESTAURANTS

Erste Adresse im Ort ist das **€ € € / € € Hotel-Restaurant Lange** (Am Brink 1, 49593 Bersenbrück, Tel. 05439 22 51, www.hotel-lange.de).
Modernes Ambiente und guten Service erleben Gäste im neu gestalteten **€ € See + Sport Hotel Ankum** (Tütinger Straße 28, 49577 Ankum, Tel. 05462 8820, www.seehotel-ankum.de).

UMGEBUNG

Die kath. Pfarrkirche St. Nikolaus in **Ankum** wird ihrer Dimensionen wegen gern als Artländer Dom bezeichnet; interessant ist das Ankumer Kreuz mit Schmerzensmann (1280).

INFORMATION

Tourist-Information, Markt 4-6,
49593 Bersenbrück,
Tel. 05439/96 24 70,
www.bersenbrueck-tourismus.de

Pferdesport in Alfhausen südlich von Bersebrück, Schloss Fürstenau

4 Fürstenau

Erstmals 1344 erwähnt und im Mittelalter Mitglied der Hanse, erhielt der Ort (9900 Einw.) 1642 Stadtrecht. Für das Bistum Osnabrück war Fürstenau wichtiges Bollwerk gegen die Grafen von Tecklenburg, bereits im 14. Jh. ließen die Bischöfe eine Burg errichten.

SEHENSWERT

Die einstige, bis ins 16. Jh. zum **Schloss** umgebaute Burg war jahrhundertelang Residenz der Osnabrücker Bischöfe (heute Samtgemeindeverwaltung). Zum Südflügel gehört die Pfarrkirche (seit 1817) des hübschen Städtchens. Sehenswert sind auch das **Hohe Tor** (16. Jh.) und der Marktplatz mit dem **Alten Rathaus** (19. Jh.).

UMGEBUNG

Eine der ältesten Kirchen der Region befindet sich in **Bippen;** ältestes Stück der ansonsten im Rokokostil gehaltenen Innenausstattung der St.-Georgs-Kirche (Urspr. 13. Jh.) ist der Taufstein, eine sogenannte Bentheimer Fünte (um 1200). **Stift Börstel,** ein ehem. Zisterzienserkloster (Urspr. 13. Jh.), ist herrlich einsam gele-

Ein Naturidyll für Wasserratten, Sonnenanbeter und über 250 Vogelarten – der Dümmersee lockt sie alle an.

gen; Herzstück der Anlage ist die Backsteinkirche St. Marien mit dem gut erhaltenem Kreuzgang.

INFORMATION
Touristisches Informationsbüro, Schlossplatz 1, 49584 Fürstenau, Tel. 05901 93 20 19, www.fuerstenau.de

5 Dümmer

Der von der Hunte durchflossene Dümmer bzw. Dümmersee ist mit rund 13,5 km² Fläche nach dem Steinhuder Meer zweitgrößter Binnensee Niedersachsens. Das fischreiche Gewässer liegt inmitten des gleichnamigen Naturparks und bietet mit einer durchschnittlichen Wassertiefe von 1,5 m Wassersportlern und Anglern ein attraktives Revier. Zugleich ist der Dümmer wichtiges Rast-, Brut- und Überwinterungsgebiet zahlreicher Vogelarten. Touristischer Hauptort am See ist Lembruch. Bekannt ist die Region um den Dümmer für seine Bootswerften, auf der vielfach noch Segeljachten und -jollen aus Holz gebaut werden.

MUSEEN
Das **Dümmer-Museum** in Lembruch (Götkers Hof 1, Tel. 05447 3 41, www.duemmer-museum.de; Mitte März–Okt. Di.–So. 10.00–18.00, Nov. und Feb. bis Mitte März 12.00–16.00 Uhr) informiert über das Ökosystem Dümmersee, die ersten steinzeitlichen Besiedlungen in der Region und die Entstehung des Gewässers infolge der letzten Eiszeit.
Über die 276 Vogelarten, die in der Region bislang gesichtet wurden, informiert die **Dümmer-Vogelschau** im Vogelkundlichen Informationshaus in Dümmerlohausen (Dümmerstraße 7a, Tel. 05491 78 49, www.duemmer-vogelschau.de; April–Okt. Di.–So. 10.00–18.00 Uhr).

VERANSTALTUNGEN
Der Dümmer brennt am dritten Aug.-Wochenende. Höhepunkt der Festivitäten mit Musik und zahlreichen anderen Veranstaltungen rund um den See ist das Feuerwerk am Samstagabend (www.duemmerabend.de). Bereits seit 1614 feiert man in Damme den inzwischen größten Straßen-**Karneval** Norddeutschlands.

RESTAURANTS
Erstklassigen Räucherfisch gibt es in der **Aal- & Forellenräucherei Hoffmann** in Dümmerlohausen (Dümmerstraße 39, Tel. 05491 76 22, www.aal-hoffmann.de).

UMGEBUNG
Pflanzenliebhaber zieht es zu den **Lemförder Orchideen** (Am Rauhen Berge 8, Tel. 05443 6 51, www.loz.de). Auf über 3500 m² werden verschiedenste Orchideen gezüchtet, kultiviert und natürlich auch an Liebhaber verkauft.

INFORMATION
Tourist Information Dümmerland, Große Straße 76, 49459 Lembruch, Tel. 05447 2 42, www.duemmer.de

Genießen Erleben Erfahren

Golfen in Gummistiefeln

Etikette spielt im traditionellen Golfsport noch immer eine wichtige Rolle. Liebhaber des Swingolfs haben damit nicht viel am Hut. In puncto Kleidung lassen sich Swingolfer nichts vorschreiben: Gespielt wird in Gummistiefeln oder Sandalen, je nach Wetterlage. Die lockere Variante des Golfs ist vor einigen Jahren von Frankreich nach Deutschland herübergeschwappt. Ein ehemaliges und nicht mehr einträgliches Weizenfeld wurde (bereits im Jahr 2004) auf Gut Vehr in eine Spielwiese für Swingolfer umgewandelt. Die 18 Löcher verteilen sich in wunderschöner Landschaft unter alten Kastanien auf elf Hektar.

Wie bei der klassischen Variante geht es auch beim Swingolf darum, den Ball mit so wenigen Schlägen wie möglich einzulochen. Die Bälle sind jedoch weicher und größer, entsprechend sind auch die Löcher. Statt diverser, kostspieliger Hölzer, Eisen und Putter braucht man beim Swingolf lediglich einen einzigen Schläger. Diesen kann nach einer kurzen Einführung auf Gut Vehr jeder schwingen. Allerdings, der richtige Schwung, da dürften sich Swingolfer in Gummistiefeln und Tiger Woods einig sein, ist sowohl bei den US Open als auch im ehemaligen Weizenfeld das A und O.

Weitere Informationen

Die **Swingolfanlage auf Gut Vehr** am westlichen Stadtrand von Quakenbrück (49610 Quakenbrück, Tel. 05431 96 95 80, www.gutvehr.de) hat folgende Öffnungszeiten: Nov.–März Sa./So. 14.00–18.00, April–Okt. Mi.–Fr. 14.00–18.00, Sa. 10.00 bis zur Dämmerung, So. 10.00–18.00 Uhr). Gruppenreservierungen sind auch außerhalb der regulären Öffnungszeiten möglich. Schläger und Bälle werden gestellt. Und für das leibliche Wohl sorgen die Gastgeber im Café und Bistro „Speicher".

Golf ohne Etikette? Swingolf macht es möglich. Auf Gut Vehr erhalten Sie auch eine Einweisung, wie Sie mit Universalschläger und Hartschaumball umzugehen haben.

Norddeutsche Leckerbissen: Buchweizen-Pfannkuchen, Grünkohl mit Pinkel, frischer Spargel

Service

Keine Reise ohne Planung. Auf den folgenden Seiten haben wir für Sie Wissenswertes für Ihren Urlaub rund um Osnabrück und im Emsland zusammengestellt.

Anreise

Mit dem Auto: Osnabrück erreicht man aus nördlicher Richtung sowie aus dem Ruhrgebiet am besten über die Autobahn A 1, aus Richtung Niederlande oder von Hannover kommend, fährt man über die A 30. Über Bielefeld führt die A 33 ans Ziel. Osnabrücks Innenstadt ist als Umweltzone ausgewiesen – das bedeutet, dass dort lediglich Pkw mit einer grünen Umweltplakette verkehren dürfen.
Ins Emsland kommt man am besten auf der Emslandautobahn A 31. Gleiches gilt für die Grafschaft Bentheim, die man auch über die A 30 erreicht. Die Anreise ins nördliche Emsland erfolgt über die A 28. Artland bzw. Oldenburger Münsterland erreicht man über die A 1.
Mit Bahn und Bus: Osnabrück ist an das Intercity-Netz der Deutschen Bahn angeschlossen (Infos unter www.bahn.de oder kostenpfl. Tel. 0180 6 99 66 33). Zudem erreicht man die „Friedensstadt" mit den Regionalzügen der WestfalenBahn (www.westfalenbahn.de), der NordWestBahn (www.nordwestbahn.de) und dem „Haller Willem" (Verkehrsverbund Ostwestfalen-Lippe, www.vvowl.de). Quakenbrück im Artland ist über Osnabrück oder Oldenburg mit der NordWestBahn zu erreichen, nach Papenburg gelangt man über Münster und Rheine oder über das ostfriesische Leer. Während Meppen, Lingen und Haren im Emsland bequem mit der Bahn erreichbar sind, verfügt Haselünne über keinen Fernbahnhof. Hierher wie auch an andere kleinere Orte muss die Anreise über die Busse des Busverkehrs Emsland (www.bv-emsland.de) oder die Linien des Weser-Ems-Bus (www. weser-ems-bus.de) erfolgen (Infos über die Mobilitätszentrale Emsland, Tel. 05931 93 36 33). In der Grafschaft Bentheim sind Schüttorf und Bad Bentheim mit dem Zug zu erreichen, nach Nordhorn muss man den Bus (www.vgb-mob.de) nehmen.
Mit dem Flugzeug: Man erreicht das Osnabrücker Land über den International Airport Münster/Osnabrück (www.fmo.de). Von dort verkehrt die eXpress-Buslinie 150 in 40 Min. zum Osnabrücker Zentrum. Nächster Airport für Emsland-Touristen ist der Flughafen Bremen (www.airport-bremen.de).

Auskunft

Osnabrück: Tourist Information, Bierstraße 22–23, 49074 Osnabrück, Tel. 0541 3 23 22 02, www.osnabrueck.de/tourismus
Osnabrücker Land: Tourismusverband Osnabrücker Land e.V., Herrenteichsstraße 17/18, 49074 Osnabrück, Tel. 0541 3 23 45 70, www.osnabruecker-land.de
Emsland: Emsland Touristik GmbH, Ordeniederung 2, 49716 Meppen, Tel. 05931 44 22 66, www.emsland.com
Artland: Erlebnisregion Artland, Markt 4, Tel. 05439 6 03 98 98, www.erlebnisregion-artland.de
Grafschaft Bentheim: Grafschaft Bentheim Tourismus, Postanschrift: Van-Delden-Straße 1-7, 48529 Nordhorn, Besucheradresse: Nino-Allee 2, 48529 Nordhorn, Tel. 05921 96 11 96, www.grafschaft-bentheim-tourismus.de
Im Internet: www.geo-region.de für Grafschaft Bentheim, Emsland und Osnabrücker Land; www.hasetal.de für die Region zwischen Bersenbrück und Meppen; www.erholungsgebiet-huemmling.de, www.naturpark-terravita.de für den Natur und Geopark aus Ankumer Höhe, Wiehengebirge und Teutoburger Wald.

Essen und Trinken

Die traditionelle Küche des Emslandes ist deftig, bodenständig, aber durchaus vielfältig. Als Spezialität schlechthin gilt der **Buchweizenpfannkuchen,** auf Plattdeutsch Bookweiten- oder auch Baukweiten-Janhinnerk genannt. Besonderheit bei der Zubereitung ist die Beigabe von Tee oder Kaffee zum Teig. Während im nördlichen Emsland eher schwarzer Tee verwendet wird, bevorzugt man weiter südlich im Emsland und in der Grafschaft Kaffee. Serviert wird der Baukweiten-Janhinnerk traditionell und überall mit Speckstreifen („Speckfenster"), Blaubeeren, Preißelbeeren und/oder Apfelmus.
Als Delikatesse in der Grafschaft Bentheim gilt all das, was das **Bunte Bentheimer Schwein** hergibt. Ebenfalls hoch im Kurs stehen Gerichte vom **Bentheimer Landschaf.** Dass der Grafschafter Zuckerrübensirup aus der Region stammt, ist übrigens ein Irrglaube; er kommt aus Meckenheim im Rheinischen. Das Bad Essener Urmeersalz der Salzmanufaktur Grönemeyer schätzen Spitzengastronomen in aller Welt.
In der Saison gibt es in der gesamten Region **Spargel;** Hochburgen des Spargelanbaus sind u. a. Ankum, Bad Laer und Bersenbrück. Häufig stehen Forellen und andere **Süßwasserfische**

„Emslandschwalbe": Mit monumentalen Pflügen wurde der Moorboden umbrochen.

aus den zahlreichen Seen und Flüssen auf den Speisekarten. In Badbergen im Artland findet man Deutschlands größte Wallerzucht.

Im Winter begibt sich die komplette Region von Melle bis Papenburg auf Kohlfahrt. Der **Grünkohl** wird mit Koch- oder Brägenwurst und Pinkel, einer regional unterschiedlich zubereiteten Grützwurst, serviert. Dazu gibt es in der Regel **Bier.** Die Landhaus-Brauerei-Borchert in Lünne ist die einzige Privatbrauerei des Emslandes; im Artland wird auf dem Hof Renze das Artland Pilsener gebraut. Osnabrücker Brautradition wird in der Hausbrauerei Rampendahl gepflegt; in urigem Ambiente wird hier heute u. a. das „Rampendahler Spezial" gezapft.

Nach dem Genuss des fetten Kohlgerichts muss ein Schnaps her. Hochburg der Schnapsbrennereien mit den Traditionsbetrieben Berentzen, Heydt und Rosche ist Haselünne im Emsland. Die Palette reicht vom klaren Korn über den Apfelkorn bis hin zu abenteuerlich bunten Varianten mit allen erdenklichen Geschmacksrichtungen. Erstaunlich gut schmecken so manche Edelbrände wie „Alter Heydt 1860".

Eine Osnabrücker Spezialität sind die besonders knusprigen **Springbrötchen**, die es tatsächlich nur in Osnabrück gibt. Ihren Namen verdanken sie der aufgesprungenen Oberfläche, die durch mehrmaliges Aufstreichen von Fett entsteht.

Preiskategorien

€€€€	Hauptspeisen	über 20 €
€€€	Hauptspeisen	15–20 €
€€	Hauptspeisen	10–15 €
€	Hauptspeisen	5–10 €

Info

Daten & Fakten

Geografische Lage: Osnabrücker Land, Artland, Emsland und Grafschaft Bentheim im Nordwesten Deutschlands gehören zum Bundesland Niedersachsen. Das Emsland ist mit rund 2881 km² einer der größten Landkreise in Deutschland und etwas größer als das Saarland. Das Artland, einst Kornkammer des Fürstbistums Osnabrück, grenzt im Norden an das Oldenburger Münsterland. Die Grafschaft Bentheim, ganz im Südwesten der Region, ragt in die Niederlande hinein.

Das Emsland mit seinen weitläufigen Moorgebieten ist überwiegend flach, lediglich im Hümmling erheben sich ein paar Hügel. Das waldreiche Osnabrücker Land ist geprägt durch das Wiehengebirge, das Osnabrücker Bergland und die Ausläufer des nördlichen Teutoburger Waldes. Die höchste Erhebung der Region ist der Dörenberg bei Bad Iburg mit 331 m.

Rund 200 km der insgesamt 371 km langen Ems sind schiffbar. Neben der Ems, der Hase und der Hunte prägen künstliche Wasserstraßen wie der Dortmund-Ems-Kanal, der Haren-Rütenbrock-Kanal und das linksemsische Kanalnetz die Landschaft. Die größten Binnengewässer sind der Alfsee nördlich von Bramsche, der Dümmer, der Speichersee Geeste und die Thülsfelder Talsperre nördlich von Cloppenburg.

Bevölkerung: Mit Abstand größte Stadt der Region und zugleich drittgrößte Niedersachsens ist Osnabrück mit rund 165 000 Einw. Die „Friedensstadt" ist das Zentrum einer Wirtschaftsregion, in der immerhin 800 000 Menschen leben. Die größten Städte des Emslandes sind Lingen mit etwas mehr als 50 000, Papenburg mit 35 000 und Meppen mit knapp 35 000 Einw. Wirtschaftliches und kulturelles Zentrum des Artlandes ist Quakenbrück (12 000 Einw.), in der Grafschaft Bentheim ist es die alte Textilstadt Nordhorn (53 000 Einw.). Mit einer Bevölkerungsdichte von knapp über 100 Einw. pro km² zählt das Emsland zu den dünner besiedelten Regionen Deutschlands, auch das Osnabrücker Land liegt mit rund 170 Einw. pro km² unter dem Durchschnitt (229 Einw./km²).

Im Emsland wird in ländlichen Gefilden häufig noch „Platt" gesprochen, der Dialekt im Norden ähnelt dem der Ostfriesen, im Süden eher dem Westfalenplatt. Emsland und Oldenburger Münsterland sind traditionell römisch-katholisch geprägt, in Osnabrück hält es sich fast die Waage: Ungefähr die Hälfte der Bevölkerung gehört dem protestantischen, die andere Hälfte dem katholischen Glauben an.

Wirtschaft: Der 1950 verabschiedete Emslandplan sollte das „Armenhaus" Deutschlands wirtschaftlich fördern. Der Plan ging weitgehend auf – wenngleich Wirtschaftszweige wie die Textilindustrie mittlerweile ausgestorben sind. Bis in die späten 1980er-Jahre haben Bund und Land Niedersachsen mehr als 2 Mrd. Euro investiert.

Die bekanntesten Unternehmen der Region sind die Meyer Werft in Papenburg, die Berentzen-Gruppe (die allerdings nicht mehr im Emsland produziert) mit Stammsitz in Haselünne, der Gardinenfabrikant ADO („die mit der Goldkante") in Aschendorf und die Bernard Krone Holding (Maschinenbau und -handel). Osnabrück war bereits im Mittelalter Handelsplatz. Am Piesberg wurde bis zum Ende des 19. Jhs. Anthrazitkohle abgebaut, ein großes Stahlwerk schuf Arbeitsplätze. Noch heute ist Osnabrück wirtschaftlicher Motor und größter Arbeitsplatz der Region, auch wenn das Automobil- und Karosserieunternehmen Karmann 2009 Insolvenz anmelden musste; heute wird auf dem Karmann-Gelände als VW-Standort der Tiguan gefertigt. Einst eher Sitz von Schwer- und Metallindustrie, bietet Osnabrück heute eine breite Unternehmenspalette – angefangen von Tortenbäckern über Schuhfabrikanten bis hin zu Logistikunternehmen. Einer der größten Arbeitgeber der Region ist nach wie vor das Stahlwerk in Georgsmarienhütte.

Wirtschaftlich bedeutsam und touristische Anziehungspunkte zugleich sind die Kurorte Bad Laer, Bad Rothenfelde, Bad Iburg und Bad Essen mit mehr als 20 000 Beschäftigten. Alljährlich verzeichnen die Kurorte rund 1 Mio. Übernachtungen, in der Stadt Osnabrück werden mittlerweile weit über 400 000 gezählt, im gesamten Osnabrücker Land, in der Varus- sowie der Teutoregion und dem Artland ebenfalls 1 Mio. Auch im Emsland (knapp über 2 Mio. Übernachtungen 2018) ist der Tourismus längst zu einem wichtigen Wirtschaftsfaktor geworden. Die Grafschaft Bentheim mit Bad Bentheims Burg als Zentrum kam auf mehr als 800 000 Übernachtungen – vor allem Familien und Fahrradtouristen zieht die Region an. Im Emsland fuhren die meisten Gäste nach Haren, wo mit Schloss Dankern das wohl größte deutsche Ferienzentrum liegt.

Region mit hohem Freizeitwert: Kanuten auf der Hase, Radler in der Grafschaft Bentheim, Segler auf dem Dümmer

Osnabrücks Gastronomie bietet bodenständig Regionales, internationale Spezialitäten sowie mit dem „IKO", dem „Wilde Triebe" und dem „Friedrich" gleich mehrere Restaurants, die zu den besten Lokalen im Bundesland Niedersachsen zählen.
Und die Pralinen aus der Osnabrücker Traditions-Konditorei Leysieffer heißen nicht ohne Grund die „Himmlischen".

Sport und Freizeit

Angeln: Angler finden im Emsland mit seinen zahlreichen Flüssen, Wasserstraßen und Seen gute Reviere, in denen Hechte, Barsche, Zander und diverse Weißfische leben. Auch aus den Flüssen und Bächen im Osnabrücker Land und dem Dümmer können Petrijünger einiges herausholen.
Baden: Beliebtestes Ziel im Osnabrücker Land ist der Alfsee, bekannt für seine gute Wasserqualität. Im Emsland laden zahlreiche Seen wie

Info

Geschichte

3000 v. Chr.: Erste Besiedlung der Region durch germanische Stämme.
9 n. Chr.: Germanische Stämme unter der Führung von Arminius (Hermann dem Cherusker) fügen römischen Truppen – wohl bei Kalkriese – eine verheerende Niederlage zu, bei der rund 20 000 Männer aufseiten der Römer ihr Leben verlieren.
um 500: Im Zug der Völkerwanderung lassen sich Sachsen im heutigen Osnabrücker Land nieder.
783: Karl der Große lässt an einer Hase-Furt ein Bistum einrichten, aus dessen Sitz Osnabrück entsteht. Meppen wird christliche Missionszelle. Als Ergebnis der Sachsenkriege kommt die Region zum Frankenreich.
1002: Der spätere römisch-deutsche Kaiser Heinrich II. gewährt dem Bistum Osnabrück Markt-, Münz- und Zollrecht.
um 1020: Errichtung der Burg Bentheim.
1100: Baubeginn des Osnabrücker Doms.
1171: Kaiser Friedrich I. Barbarossa erteilt Osnabrück das Recht auf eigene Gerichtsbarkeit.
1246: Die Bistümer Osnabrück, Münster und Minden gehen zum Schutz ihres Handels ein Bündnis ein.
1309: Das Artland wird erstmals unter diesem Namen erwähnt.
1348: Osnabrücks Altstadt und Neustadt schließen sich zusammen und geben sich eine gemeinsame Verfassung, die sogenannte Sate.
1350: Die Pest fordert in der Region Tausende von Todesopfern.
1360: Meppen erhält das Stadt- und Befestigungsrecht.
1412: Osnabrück wird Mitglied der Hanse (bis 1669).
1487–1512: Das Osnabrücker Rathaus wird errichtet.
1530: Weite Teile Osnabrücks vernichtet ein verheerender Stadtbrand.
1543: Die Reformation erreicht Osnabrück.
1580–1597: Lingen wird von spanischen Truppen besetzt.
1583: Die Hexenverbrennungen (seit 1350) in Osnabrück erleben ihren traurigen Höhepunkt; 121 Frauen werden zum Feuertod verurteilt.
1614: In Meppen beginnen die Jesuiten mit der Gegenreformation.
1616–1648: Dreißigjähriger Krieg.
1630: In Papenburg wird durch Dietrich von Velen die erste deutsche Fehnkolonie gegründet.
1648: Der Westfälische Friede beendet den Dreißigjährigen Krieg; er wird vom Osnabrücker Rathaus verkündet (25. Okt.).
1649–1803: Osnabrück wird abwechselnd von katholischen und evangelischen Fürstbischöfen regiert.
1697: Die Universität Lingen wird gegründet. Ihr Lehrbetrieb endet 1819.
1795: In Papenburg wird die Schiffszimmerei Meyer gegründet, aus der später die Meyer Werft entsteht.
1803: Aufhebung des Fürstbistums. Osnabrück wird französisch besetzt. Das nördliche Emsland geht vom Niederstift Münster an den Herzog von Arenberg.
1813: Osnabrück fällt an das Königreich Hannover. 1815 kommt auf dem Wiener Kongress auch das Emsland an Hannover.
1856: Mit der Hannoverschen Westbahn wird die erste Eisenbahnlinie der Region in Betrieb genommen.
1860: Bau der ersten Erdölraffinerie im Emsland (in Salzbergen).
1866: Das Königreich Hannover wie auch Emsland und Osnabrück kommen nach dem Deutschen Krieg durch Annexion zu Preußen.
1899: Fertigstellung des Dortmund-Ems-Kanals.
1919: Reichssiedlungsgesetz zur Erschließung und Kultivierung der Moorgebiete auch im Emsland.
1945: Nach dem Zweiten Weltkrieg ist Osnabrück zu 68,5 % zerstört.
1950: Der Deutsche Bundestag beschließt den Emslandplan.
1968: Atomkraftwerk Lingen geht ans Netz.
1972: Das Orkantief „Quimburga" vernichtet große Teile des Waldbestands im Emsland.
1974: An der neu gegründeten Universität Osnabrück beginnt der Lehrbetrieb.
1975: Baubeginn der Emslandautobahn A 31 (Fertigstellung 2004).
1977: Die Landkreise Aschendorf-Hümmling, Meppen und Lingen werden zum Kreis Emsland vereint. Das Kernkraftwerk Lingen wird nach einem Störfall stillgelegt.
2003: Die Artland-Dragons steigen in die Basketball-Bundesliga auf.
2006: Unfall auf der Transrapid-Teststrecke in Lathen (22. Sept.), 23 Menschen sterben.
2015: Der Natur- und Geopark Terra.vita wird offiziell als UNESCO Global Geopark anerkannt.
2016: Archäologen finden im Osten von Osnabrück rund 4500 Jahre alten Brustschmuck in Form einer Mondsichel und eine Kupferaxt.
2019: Geplant ist, in Lathen ein Hyperloop-Forschungszentrum zu errichten, wo Züge Schallgeschwindigkeit erreichen können.

Info

Zum Weiterlesen

Erich Maria Remarque veröffentlichte in den späten 1920er-Jahren sein **Im Westen nichts Neues** (Kiepenheuer & Witsch). Der Roman handelt von den Erfahrungen des jungen Soldaten Paul Bäumer an der Westfront des Ersten Weltkriegs. Remarque hat hier eigene Kriegserlebnisse verarbeitet und schildert eindringlich auch die psychischen Auswirkungen.
Lesenswert ist auch Remarques 1962 veröffentlichtes Buch Die **Nacht von Lissabon** (Kiepenheuer & Witsch). Hierin beschreibt der Autor das Schicksal von Emigranten während des Nationalsozialismus und des Zweiten Weltkriegs und verarbeitet erneut seine eigene Geschichte. Das Buch ist historischer Roman und bewegende Liebesgeschichte zugleich – und eine Liebeserklärung an seine Heimatstadt Osnabrück.
2001 erschien eine lesenswerte Biografie über den Osnabrücker Rechtsanwalt Hans Calmeyer (1903–1972) unter dem Titel **Ein Gerechter unter den Völkern** (Peter Niebaum; Rasch). Calmeyer hat im Dritten Reich mithilfe seiner „Rückstellungslisten" in den Niederlanden Tausenden Juden das Leben gerettet.
Spannende Urlaubslektüre sind Krimis mit Lokalkolorit. In den Krimis der Autorin Joana Brouwer (u.a. „Der Fall Aphrodite", „Der Puppenfänger") ermittelt die Detektivin Heide von der Heide überwiegend im Emsland. Auch die Osnabrück-Krimis von Michael Hopp um seine Hauptfigur, den etwas schrulligen Journalisten und Hobby-Detektiv **Waldemar Lübbing,** sind höchst unterhaltsam geschrieben (Prolibris Verlag). Sandra Lüpkes Krimis spielen zumeist in Ostfriesland. In **Halbmast** (rororo) geht es um die rätselhaften Todesfälle auf einem Luxusliner, der von Papenburg auf der Ems in die Nordsee überführt wird.
Wir müssen noch Unkraut pflanzen – Geschichte einer Leidenschaft (Landwirtschaftsverlag) von Viktoria Freifrau von dem Bussche wurde 2011 als bestes Gartenporträt mit dem Deutschen Gartenbuchpreis ausgezeichnet.

der Heeder See, der Geester Speichersee, der Dankern-See, der idyllische Blaue See bei Lünne und der Tunxdorfer Waldsee zu Badefreuden ein. Und es gibt es einige Spaß- und Erlebnisbäder wie die Linus Lingen Wasserwelten, das Spaßbad Topas in Haren und das Dünenbad in Dörpen, in der Grafschaft Bentheim den Badepark Bentheim und die Mineraltherme Bad Bentheim. Ein weiteres Ziel für „Wasserratten" ist der Dümmer.
Golf: Fünf Plätze stehen im Osnabrücker Land zur Verfügung, im Emsland und in der Grafschaft Bentheim sind es jeweils drei (Infos auf www.golf.de). Die legerere Variante, das Swingolf, kann man in Mehringen (www.swingolf-mehringen.de) und bei Quakenbrück (www.gut-vehr.de) ausprobieren. Noch unkonventioneller geht es beim Bauerngolf zu, bei dem der Ball mit einem am Schläger befestigten Holzschuh geschlagen wird (www.bauern-golf.de).
Radfahren: Das Emsland ist ein Dorado für Radwanderer. Mehr als ein halbes Dutzend ausgeschilderter Fernradwege auf verkehrsarmen und landschaftlich reizvollen Strecken gibt es in der Region (siehe „Unsere Favoriten" S. 20/21). Ein Klassiker ist die rund 300 km lange Emsland-Route, die vorbei an fast allen touristischen Highlights der Region führt. Die Touristiker im Emsland bieten Radfahrern ein umfangreiches Angebot: Vom Gepäcktransfer über Leihfahrräder bis hin zum Emsland RADexpress, der die Reisenden mitsamt ihrer Drahtesel zum Zielort bringt. Auch die Grafschaft Bentheim setzt verstärkt auf Radreisende. Eine Route der ganz besonderen Art führt entlang der Vechte auf den „kunstwegen" (siehe auch S. 71). Der „Fietsenbus" verkehrt in der Saison regelmäßig und ermöglicht so eine flexible Planung der Radreise. Während die Radstrecken im Emsland platt wie ein Pfannkuchen sind, geht es im hügeligen Osnabrücker Land bisweilen etwas „knackiger" zu. Das Radverkehr-Leitsystem im Osnabrücker Land (RAVELOS) sorgt für Orientierung, sämtliche Radrouten stehen unter einem bestimmten Motto, so z. B. die Niedersächsische Mühlen-Tour und die Schlösser-Tour.
Reiten: Das Emsland bietet rund 1100 km ausgeschilderte und vernetzte Reitwege, auf denen Pferdeliebhaber zu Halbtages- oder Tagesausritten, aber auch zu mehrtägigen Wanderungen aufbrechen können. Zahlreiche Reiterhöfe in der Region bieten nicht nur geführte Ausritte an, sondern auch das „Bett-und-Box", bei dem die Reiter das eigene Pferd in den Stallungen des jeweiligen Hofs unterbringen können.
Wandern: Auch Wanderer, Jogger und Walker sind in der überwiegend flachen Landschaft gut aufgehoben. Ein Höhepunkt für Wanderer im Emsland dürfte der Hümmlinger Pilgerweg sein (siehe S. 99). „Alpiner" geht es im Osnabrücker Land zu. Im Wiehengebirge und den Ausläufern des Teutoburger Waldes werden rund 100 markierte Wanderwege angeboten, darunter die überregional bekannten Fernwanderrouten Wittekindsweg, Sachsenweg und Hermannsweg. Der rund 150 km lange Hünenweg führt von Osnabrück nach Meppen (www.geopark-terravita.de).
Wassersport: Das Emsland ist ein Paradies für Freunde des **Kanu- und Kajaksports.** Sowohl entlang der Hase als auch an der Ems gibt es zahlreiche Anbieter, die vom Einer-Kanu bis zum Zehner-Kanadier alle möglichen Bootsarten im Angebot haben. In der Regel ist der Rücktransport der Boote im Preis inbegriffen

Im Schlösserland um Osnabrück ist auch Gesmold zu finden.

(siehe S. 85). Der Dümmer gilt als eines der besten Binnenreviere Niedersachsens für **Segler. Windsurfer** finden auf dem Geester Speichersee nördlich von Lingen und auf dem Dümmer gute Voraussetzungen vor. **Wasserski bzw. Wakeboarding** ist auf dem Alfsee im Osnabrücker Land wie auch auf dem Heeder See im Emsland bei guten Bedingungen möglich.
Die Kanäle im Emsland bieten **Sportschiffern** attraktive Bedingungen – beispielsweise auf dem Dortmund-Ems-Kanal oder dem Küstenkanal zwischen Weser und Ems. Der unter Denkmalschutz stehende Haren-Rütenbrock-Kanal von Haren zum Ter-Apelerkanaal ist die einzige schiffbare Kanalverbindung von Deutschland nach den Niederlanden zwischen dem Dollart im Norden und dem Rhein im Süden. Wegen einiger Wehre ist die Ems zwischen Lingen-Hanekenfähr und Geeste-Klein Hesepe nur bedingt befahrbar.

TERRA.vita

TERRA.vita bezeichnet einen Natur- und Geopark, der den nördlichen Teutoburger Wald, das Wiehengebirge und das Osnabrücker Land einschließt. Seit 2008 hat die Region den Status „nationaler Geopark", 2015 erfolgte die Anerkennung als UNESCO Global Geopark. In dem Gebiet gibt es rund 2800 km Wanderwege und 4000 km Thementouren bzw. Fernradwege. Eine Tourenübersicht, viel Wissenswertes über den Natur- und Geopark bekommt man auf der Webseite www.geopark-terravita.de.

Unterkunft

In der gesamten Region gibt es ein vielfältiges Angebot an Übernachtungsmöglichkeiten: Hotels, Pensionen, Ferien auf dem Bauernhof, Ferienhäuser- und wohnungen, zahlreiche Privatzimmer, Camping und Jugendherbergen. Die Bandbreite reicht von einfachen Häusern bis zur Vier-Sterne-Kategorie, auf Fünf-Sterne-Luxus muss man jedoch verzichten. Im Emsland sind besonders familienfreundliche Betriebe unter dem Schlagwort „Familienland Emsland" klassifiziert. Die Dichte an radlerfreundlichen Unterkünften (mit „Bett und Bike"-Siegel des ADFC) ist in der Region besonders hoch. Eine Auswahl an Hotels und Pensionen ist auf den Infoseiten der jeweiligen Regionen zu finden.
Camping: Im Emsland gibt es rund 30 Campingplätze, viele davon an Seen oder an Flüssen und die meisten mit einer Mischung aus Dauer- und Kurzzeitcampern. Zudem gibt es spezielle Jugend-Campingplätze. Im Osnabrücker Land finden sich rund ein Dutzend Campingplätze. Auch in der Grafschaft Bentheim sind Camper gut aufgehoben. Insgesamt umfasst das Angebot die ganze Bandbreite – vom einfachen Platz bis zur Fünf-Sterne-Anlage mit Animationsprogramm und zahlreichen Freizeiteinrichtungen; zu letzteren Kategorie gehören z. B. der Campingpark am Alfsee oder das Campotel zu Bad Rothenfelde. Zudem finden Wohnmobilisten in der gesamten Region zahlreiche offizielle Stellplätze (www.camping.info und www.stellplatz.info).
Jugendherbergen: Jugendherbergen gibt es im Osnabrücker Land (Alfsee, Melle und Osnabrück), im Emsland (Meppen und Lingen) wie auch in der Grafschaft Bentheim (Bad Bentheim und Uelsen). Des Weiteren finden sich Häuser in Damme und an der Thülsfelder Talsperre. Informationen beim Landesverband Unterweser-Ems des Deutschen Jugendherbergswerkes, Woltmershauser Allee 8, 28199 Bremen, Tel. 0421 5 98 30 50, https://nordwesten.jugendherberge.de.

Preiskategorien

€€€€	Doppelzimmer	über 200 €
€€€	Doppelzimmer	150 – 200 €
€€	Doppelzimmer	100 – 150 €
€	Doppelzimmer	50 – 100 €

Vielerorts ticken die Uhren im Osnabrücker Land und im Emsland noch etwas langsamer, so etwa entlang der Hase.

Register

Fette Ziffern verweisen auf Abbildungen

Impressum

3. Auflage 2020

Verlag: DuMont Reiseverlag, Postfach 3151, 73751 Ostfildern, Tel. 0711 45 02-0, Fax 0711 45 02-135, www.dumontreise.de
Geschäftsführer: Dr. Thomas Brinkmann, Dr. Stephanie Mair-Huydts
Programmleitung: Birgit Borowski
Redaktion: Achim Bourmer
Text: Sven Bremer, Bremen
Exklusiv-Fotografie: Rainer Kiedrowski, Ratingen
Titelbild: laif/Christoph Goedan
Zusätzliches Bildmaterial: S. 5 u. getty/Dorling Kindersley, S. 8/9 vario/imagebroker/Thomas Robbin, S. 12/13 laif/Martin Kirchner, S. 22 l. Samtgemeinde Artland, M. laif/Martin Kirchner, r. mauritius/Werner Otto, S. 23 r. o. Stadtmarketing Bramsche GmbH, r. M. laif/Martin Kirchner, r. u. Shutterstock/hugolacasse, S. 34 l. look/Karl Johaentges, r. laif/Norbert Enker, S. 35 o. look/H. & D. Zielske, u. mauritius/ANP Photo/Max de Krijger, S. 50 und 51 laif/Thomas Ernsting, S. 55 l. DuMont Bildarchiv/Mike Schröder, S. 56 l. DuMont Bildarchiv/Arthur F. Selbach, S. 57 o. getty/Christian Carroll, S. 69 l. DuMont Bildarchiv/Mike Schröder, S. 70 r. o. DuMont Bildarchiv/Jörg A. Fischer, r. u. mauritius/imagebroker/Stefan Ziese, S. 71 o. mauritius/Haag + Kropp, S. 72/73 laif/Martin Kirchner, S. 80 l. picture-alliance/arco/Rainer Kiedrowski, r. o. Shutterstock/Netkoff, r. u. mauritius/Werner Otto, S. 81 r. o. picture-alliance/arco/Rainer Kiedrowski, S. 84 r. DuMont Bildarchiv/Mike Schröder, S. 88 o. laif/Martin Kirchner, S. 90 u. laif/Martin Kirchner, S. 94 laif/REA/Ian Hanning, S. 97 l. o. laif/Martin Kirchner, l. u. und r. DuMont Bildarchiv/Martin Kirchner, S. 98 r. u. DuMont Bildarchiv/Mike Schröder, S. 107 r. laif/Johannes Arlt, S. 108 laif/Bernd Jonkmanns, S. 109 und S. 110 o. Schloss Ippenburg, S. 110 u. Sven Bremer, S. 111 Schloss Ippenburg, S. 114 l. picture-alliance/dpa, S. 115 o. getty/Dorling Kindersley, S. 116 l. picture-alliance/Bildagentur-online/Elena Elisseeva, r. o. DuMont Bildarchiv/Toma Babovic, r. u. look/age fotostock
Grafische Konzeption, Art Direktion: fpm factor product münchen
Cover Gestaltung: Neue Gestaltung, Berlin
Layout: Cyclus · Visuelle Kommunikation, Stuttgart
Kartografie: © MAIRDUMONT GmbH & Co. KG, Ostfildern
Kartografie Lawall (Karten für „Unsere Favoriten")
DuMont Bildarchiv: Marco-Polo-Straße 1, 73760 Ostfildern, Tel. 0711 45 02-266, Fax 0711 45 02-10 06, bildarchiv@mairdumont.com

Für die Richtigkeit der in diesem DuMont Bildatlas angegebenen Daten – Adressen, Öffnungszeiten, Telefonnummern usw. – kann der Verlag keine Garantie übernehmen. Nachdruck, auch auszugsweise, nur mit vorheriger Genehmigung des Verlages. Erscheinungsweise: monatlich.

Anzeigenvermarktung: MAIRDUMONT MEDIA, Tel. 0711 450 20, Fax 0711 45 02 10 12, media@mairdumont.com, http://media.mairdumont.com
Vertrieb Zeitschriftenhandel: PARTNER Medienservices GmbH, Postfach 810420, 70521 Stuttgart, Tel. 0711 72 52-212, Fax 0711 72 52-320
Vertrieb Abonnement: Leserservice DuMont Bildatlas, Zenit Pressevertrieb GmbH, Postfach 810640, 70523 Stuttgart, Tel. 0711/7252-265, Fax 0711/7252-333, dumontreise@zenit-presse.de
Vertrieb Buchhandel und Einzelhefte: MAIRDUMONT GmbH & Co. KG, Marco-Polo-Straße 1, 73760 Ostfildern, Tel. 0711 45 02-0, Fax 0711 45 02-340
Reproduktionen: PPP Pre Print Partner GmbH & Co. KG, Köln
Druck und buchbinderische Verarbeitung: NEEF + STUMME GmbH, Wittingen
Printed in Germany

Golf von Neapel

Bella Napoli
Für die einen ist Neapel der Nabel der Welt, für die anderen Chaos pur. Wir zeigen Ihnen tolle Wege durch das Chaos.

Drei Perlen im Golf
Capri, Ischia, Procida – jeweils eine ganz eigene Welt für sich.

Lieblingsstrände
Bei aller Kunst sollten Kampaniens Strände nicht vernachlässigt werden.

Donau

Der große Strom
Wir beschreiben die Donau in ihrer gesamten Länge – von der Quelle bis zur Mündung.

Per Rad oder Schiff?
Egal, wie Sie unterwegs sind, Pausen müssen sein: die besten Cafés am Fluss.

Ausblick
Das serbische Novi Sad ist 2021 Europäische Kulturhauptstadt.

www.dumontreise.de

Lieferbare Ausgaben

Deutschland
207 Allgäu
216 Altmühltal
220 Bayerischer Wald
180 Berlin
162 Bodensee
217 Brandenburg
175 Chiemgau, Berchtesgadener Land
013 Dresden, Sächsische Schweiz
152 Eifel, Aachen
157 Elbe und Weser, Bremen
168 Franken
020 Frankfurt, Rhein-Main
112 Freiburg, Basel, Colmar
028 Hamburg
026 Hannover zwischen Harz und Heide
042 Harz
023 Leipzig, Halle, Magdeburg
210 Lüneburger Heide, Wendland
188 Mecklenburgische Seen
038 Mecklenburg-Vorpommern
033 Mosel
190 München
047 Münsterland
223 Nordseeküste Schleswig-Holstein
006 Oberbayern
161 Odenwald, Heidelberg
035 Osnabrücker Land, Emsland
002 Ostfriesland, Oldenburger Land
164 Ostseeküste Mecklenburg-Vorpommern
154 Ostseeküste Schleswig-Holstein
201 Pfalz
040 Rhein zw. Köln und Mainz
185 Rhön
186 Rügen, Usedom, Hiddensee
206 Ruhrgebiet
149 Saarland
182 Sachsen
081 Sachsen-Anhalt
159 Schwarzwald Norden
045 Schwarzwald Süden
018 Spreewald, Lausitz
008 Stuttgart, Schwäbische Alb
141 Sylt, Amrum, Föhr
204 Teutoburger Wald
170 Thüringen
037 Weserbergland
173 Wiesbaden, Rheingau

Benelux
156 Amsterdam
011 Flandern, Brüssel
179 Niederlande

Frankreich
177 Bretagne
021 Côte d'Azur
032 Elsass
009 Frankreich Süden Okzitanien
019 Korsika
213 Normandie
001 Paris
198 Provence

Großbritannien/Irland
187 Irland
202 London
189 Schottland
030 Südengland

Italien/Malta/Kroatien
181 Apulien, Kalabrien
211 Gardasee
222 Golf von Neapel, Kampanien
163 Istrien, Kvarner Bucht
215 Italien, Norden
005 Kroatische Adriaküste
167 Malta
155 Oberitalienische Seen
158 Piemont, Turin
014 Rom
165 Sardinien
003 Sizilien
203 Südtirol
039 Toskana
091 Venedig, Venetien

Griechenland/Zypern/Türkei
034 Istanbul
016 Kreta
176 Türkische Südküste, Antalya
148 Zypern

Mittel- und Osteuropa
104 Baltikum
208 Danzig, Ostsee, Masuren
169 Krakau, Breslau, Polen Süden
044 Prag
193 St. Petersburg

Österreich/Schweiz
192 Kärnten
004 Salzburger Land
196 Schweiz
144 Tirol
197 Wien

Spanien/Portugal
043 Algarve
214 Andalusien
150 Barcelona
025 Gran Canaria, Fuerteventura, Lanzarote
172 Kanarische Inseln
199 Lissabon
209 Madeira
174 Mallorca
007 Spanien Norden, Jakobsweg
219 Teneriffa, La Palma, La Gomera, El Hierro

Skandinavien/Nordeuropa
166 Dänemark
212 Finnland
153 Hurtigruten
029 Island
200 Norwegen Norden
178 Norwegen Süden
151 Schweden Süden, Stockholm

Länderübergreifende Bände
224 Donau – Von der Quelle bis zur Mündung
112 Freiburg, Basel, Colmar
221 Kreuzfahrt in der Ostsee

Außereuropäische Ziele
183 Australien Osten, Sydney
109 Australien Süden, Westen
218 Bali, Lombok
195 Costa Rica
024 Dubai, Abu Dhabi, VAE
160 Florida
036 Indien
205 Iran
027 Israel, Palästina
111 Kalifornien
031 Kanada Osten
191 Kanada Westen
171 Kuba
022 Namibia
194 Neuseeland
041 New York
184 Sri Lanka
048 Südafrika
012 Thailand
046 Vietnam